公益法人・一般法人の
立入検査について
―そのポイントと対策―　【第2版】

鈴木 勝治・著

KOHOKYO Library ③

公益財団法人 公益法人協会

第2版刊行にあたって

　本書は、公益法人ならびに一般法人に対する、行政庁による監督ならびに立入検査に関する、法人側からの視点に立った実務解説書です。本書の基となっている旧版は、新制度における行政庁による監督ならびに立入検査がどのように行われるかについて、皆様の関心が高く、お陰様で好評で何度か版を重ねることができました。

　しかしながら、ここ数年の間に、基本となっている法令自体は変わらないものの、公益法人側において、不適切なガバナンスによる不祥事の発生や、現金・現物の消失といった世間を騒がす事件が発生しています。このため、当局の監督や検査も、従来の公益法人による公益目的事業を支援するという基本的スタンスは変えないものの、このような事態に法人側がどのように対処しているかという方向にシフトしています。

　他方、現在の法令である公益法人三法は膨大かつ複雑であり、それに基づいた「適正な運営」を行うためには、法律の解釈やその実務上の扱いを十分承知しておく必要があります。したがってこれらについて、そもそも法律上の趣旨や法令上の取扱い、さらには当局の考え方や検査実務での取扱い等について十分認識しておくことが必要であり、またそれはひとり検査対策のためだけではなく、法人運営そのものにとっても意義があるといえましょう。

本書はこれらの視点に立って、①上述の行政庁の監督や立入検査の新しい動向を全面的に受けとめるとともに、②行政庁の監督法制全体を概観して、その実際上の扱いにも触れるとともに、③監督のある意味では中心となる立入検査について、法令ならびに実例に基づいた実務上の扱いの詳細を記し、④立入検査を受けた法人における検査の概要や担当官からの質問事項、（公財）公益法人協会の立入検査の全貌ならびに各種参考資料を添付しております。

　本書については、（ⅰ）実際に立入検査を受けた 40 前後の公益法人からの経験ならびに（ⅱ）当協会の検査に来会した検査官の発言や指導ならびに（ⅲ）それに立ち会った役職員の報告等をベースにしております。執筆については当協会のコンプライアンス担当理事である鈴木副理事長が引き続きあたりましたが、実際の情報やデータは上記関係者の提供によるもので、いわばそれらの合作というべきものです。ここに改めてご協力をいただいた関係者に心から感謝申し上げます。

　本書が単なる立入検査対策書ではなく、法人運営におけるガバナンスの重要性を認識しつつ、実務上留意すべき事項の実際の運用例としても日常的に活用されることを心から望んでおります。

2018 年 12 月 1 日

公益財団法人　公益法人協会

理事長　**雨宮　孝子**

まえがき

1．本書の対象

　本書の表題は、『公益法人・一般法人の立入検査について　―そのポイントと対策―』となっていますが、その対象は狭く立入検査に限定されるものではなく、広く行政庁による公益法人ならびに公益目的支出計画を実施中の一般法人（移行法人）に対する監督の一環としての立入検査を取り上げています。

　このことは、公益法人・移行法人を規律する公益認定法ならびに整備法の監督に係わる法律体系に沿っていることのみならず、このような形で立入検査を理解することが、いわゆる検査対策のみに重点を置いたハウツーの取得にとどまることなく、広く法人の運営のあり方の参考になるとの考えに基づくものです。

　したがって、本書については、1の「法人運営と立入検査」、2の「行政庁の監督」から、3の「立入検査のポイントと対策」へと順を追って読んでいただきたいと思いますが、新しい行政庁の監督の考え方を理解しておられる場合は、3からお読みいただいても構いません。

2．本書の内容

　本書は、1「法人運営と立入検査」、2「行政庁の監督」、3「立入検査のポイントと対策」に大きく別れています。

まえがき　iii

1の「法人運営と立入検査」では、本書の公益法人・移行法人の監督と、その中における立入検査について、過去の主務官庁の監督や検査と異なり、法令や定款に定められたことをキチンと守りながら、公益目的事業や公益目的支出計画を実施することが重要であり、その過程でたとえ若干の細かい事務的なミス等があっても、大きな問題とされることはないという本書における基本的な考え方を示しています。

2の「行政庁の監督」においては、上記1の考え方について、〔1〕「監督の基本的考え方」、〔2〕「報告要求と立入検査の考え方（公益法人の場合）」、〔3〕「同（移行法人の場合）」と順を追って、法令上の根拠やガイドライン等を説明しています。

これによって、新制度における監督の体系やその中における立入検査の位置付けが明確になると思います。

3の「立入検査のポイントと対策」は、立入検査に対象を絞って具体的に立入検査の実際や問題点等を記述しています。

〔1〕の「行政庁の対応や課題等」においては、立入検査の主体である行政庁の対応や課題等について、客体である公益法人・移行法人も認識しておくことがよいのではないかとの考えに基づき記載しています。

〔2〕の「立入検査の実際」においては、実際に立入検査を受ける場合の事前通知、検査時間等、立入検査当日および事前準備資料、法人側の冒頭説明ならびに検査結果の講評等について、〔3〕では「質問・書類確認等のポイント」について具体的に記述しています。

これらは公益法人協会が得た40前後の法人からの実際の検査実例の情報に基づいていますが、その情報のほとんどは、"お役立ち1"として「立入検査質問・書類確認等事例集」に盛り込んでいます。この中の情報のう

ち筆者が重要と考えたものについては、上記「質問・書類確認等のポイント」において「解説」を付けて説明しております。従って、事例のすべてをみたい場合は事例集を、重点的にポイントをみたい場合は「質問・書類確認等のポイント」をご覧ください。

3．その他

本文の末尾には、4「検査対策の実践的なノウハウ ―「おわりに」に代えて」として、日頃から筆者が、立入検査、ひいては法人運営について思っていることを箇条書きではありますが記載しました。詳しい説明はしておりませんが、片言隻句であっても何らかのヒントになれば幸いです。

巻末には、行政庁の監督関連の法令を添付しました。新制度においては、法令に基づく監督・検査が基本ですので、熟知してリーガルマインドを養うよすがにしていただきたいと考えます。

目　次

第2版刊行にあたって
まえがき

1　法人運営と立入検査 ——— 1

〔1〕はじめに ——— 3

〔2〕法人運営のポイント ——— 4

〔3〕立入検査の考え方と環境の変化 ——— 5

2　行政庁の監督 ——— 7

〔1〕監督の基本的考え方 ——— 9

1　公益法人に対して　9

2　公益目的支出計画を実施中の移行法人（一般法人）に対して　14

vii

〔2〕報告要求と立入検査の考え方
（公益法人の場合） ━━━━━━━━━━━━━ 15

1　報告要求　15

2　立入検査　17

3　勧告、命令等　23

〔3〕報告要求と立入検査の考え方
（公益目的支出計画を実施中の移行法人
（一般法人）の場合） ━━━━━━━━━━━ 28

1　報告要求　28

2　立入検査　29

3　勧告、命令等　30

3　立入検査のポイントと対策 ━ 31

〔1〕行政庁の対応や課題等 ━━━━━━━━━ 33

1　検査員の人員確保等　33

2　立入検査のチェックリストについて　34

3　立入検査結果の総括的な公表について　37

〔2〕立入検査の実際 ——————— 39

1 事前通知 41

2 検査時間等 41

　1）検査時間 41

　2）検査官 42

　3）法人側出席者 42

3 立入検査当日・事前準備資料 43

　1）当日準備資料 43

　2）事前準備資料 44

4 法人側の冒頭説明 45

5 検査結果のまとめと講評 45

〔3〕質問・書類確認等のポイント ———— 46

1 事業について 47

　1）実施事業の範囲 47

　2）事業の公開性、公平性・公正性 49

2 機関運営・ガバナンスについて 51

　1）役員一般 51

　2）機関運営 53

　3）監事 55

　4）その他 56

3 財務の遵守基準関係について 57

4 経理・庶務について 60

　1）現物の管理 60

２）インターナル・コントロール　61

３）事務の流れ　63

5　情報公開・契約書類等について　64

お役立ち1 「立入検査質問・書類確認等 事例集」————— 65

お役立ち2 「（公財）公益法人協会への 立入検査の実例」————— 74

4　検査対策の実践的なノウハウ —「おわりに」に代えて ————— 91

参考資料 「行政庁の監督（立入検査等）」 関連法令等 ————— 97

○公益法人のガバナンス・情報開示と監督の概要　130

○公益認定取消しになる場合　132

付　録 「行政庁の立入検査に関する 資料等」————— 135

第2版あとがき

凡　例

・法令等

公益認定法　公益社団法人及び公益財団法人の認定等に関する法律（平成 18 年法律第 49 号）

一般法人法　一般社団法人及び一般財団法人に関する法律（平成 18 年法律第 48 号）

一般法人法施行令　同法施行令（平成 19 年政令第 38 号）

一般法人法施行規則　同法施行規則（平成 19 年法務省令第 28 号）

整備法　一般社団及び一般財団法人に関する法律及び公益社団法人及び公益財団法人の認定等に関する法律の施行に伴う関係法律の整備等に関する法律（平成 18 年法律第 50 号）

・その他

移行法人　特例民法法人で一般法人への移行の登記をした一般社団法人あるいは一般財団法人で、その作成した公益目的支出計画の実施について認可行政庁による公益目的支出計画の実施が完了したことの確認を受けるに到っていない法人を「移行法人」という（整備法 123）。

FAQ
（よくある質問）　新たな公益法人制度への移行等に関するよくある質問（内閣府、平成 28 年 6 月版）

公益法人に関する概況　「公益法人の概況及び公益認定等委員会の活動報告」（平成 27～29 年）および「公益法人に関する概況」（平成 25・26 年）（いずれも内閣府）

xi

1 法人運営と
　　立入検査

〔1〕 はじめに

　公益法人制度改革に伴ういわゆる改革三法*は、2008（平成20）年12月1日の施行から2018（平成30）年12月1日で10周年を迎えました。平成20年12月1日現在24,317あった法人のうち、85％強が公益法人や一般法人に移行し（残りは解散・合併やみなし解散等）、新たに公益法人の認定を得た法人を加えると、平成30年11月30日現在の公益法人数は約9,573法人となっています。

　　＊一般法人法、公益認定法および整備法。

　こうした公益法人の関心は、当然のことながら公益法人にふさわしい法人運営にありますが、特に理事はじめ法人トップの方々にとっては、

１．役員の役割と責任は、どこまであるのか
２．機関運営やガバナンスについてどのような点に留意すべきか
３．行政庁との対応をどうすればよいか

等が重要な関心事と思われます。
　なかでも上記3.における「立入検査」について、

　　○どのようなことを検査されるのか
　　○どのような準備をしておけばよいのか
　　○何か問題があると、その後の法人運営にどのような影響があるのか

等、数多くの問合せが、公益法人協会に寄せられています。

〔2〕 法人運営のポイント

　結論的にいえば、次の3つのポイントを押さえておけば、何も心配する必要はありません。

ポイント

1. 定款や認定（認可）申請で決められた公益目的事業等をしっかり実施している。
2. 社員総会／評議員会や理事会等の機関の開催や議事録の作成等を法令や定款等に則り、きちんと行っている。
3. 財務3基準はじめ会計財務等の基準を含む公益認定法第5条の18基準に適合している。

　ところが、一般的に検査や試験となると心配になるのが、人の常です。もちろん、上記1.～3.の事項について反することが行われ、それが意図的で悪質なものであれば、改善勧告など法的な処分につながることも考えられます。

　最近よくみられるのが、公益認定申請時にたずさわった人たちが、いわゆる代替りしてしまい、その後にレガシーとして知識やノウハウが残されていない場合です。こういう状態ですと法令等を遵守しているかどうかも、自分で説明ができないわけですから、そうしたところに立入検査が入ると

慌ててしまうわけです。

　自覚的に自らが公益認定申請や変更認定申請をしており、事業計画をたて事業を執行し、それを踏まえて毎期決算をし、行政庁への定期提出書類もきちんと行っていれば、何ら心配はいりません。仮に、多少これらの点に問題があっても、単なる事務的ミスや、それなりの理由があって合理的に説明のつくものであれば、特段心配される必要はありません。

〔3〕 立入検査の考え方と環境の変化

　特例民法法人時代における主務官庁の検査のように、重箱の隅を突いたり、個人的な見解を押し付けるなどの検査ではなく、あくまでも法令に準拠したものであり、事務の些細なミスがとがめられるといったものではありません。
　実際、立入検査事例でも、細かい問題点を指摘し指導するということではなく、検査官は、要するに公益事業をするための法人に対して、その事業活動を支援するために助言させていただくという姿勢が基本にあるようです。

ただ、以下で述べるように、公益認定を受けながらその法人の機関運営やガバナンスを中心とした体制について、スポーツ団体などで世間を騒がす不祥事が出てきています。また法人財産の私的な使い込み等も多々起きています。そのため法人を取り巻く環境に変化が起こりつつあります。

　行政庁からすれば、これらの発生原因はガバナンス体制が十分でないことにあると考えており、①機関運営のルールをしっかり遵守しているかどうかや、②現金・現物を中心とした財産管理等について細かくチェックせざるを得なくなっているのです。したがって、自ら襟を正した法人経営に傾注するとともに、このような変化に対する世間や行政庁の動向にも十分留意することも必要と考えられます。

　本書では、立入検査におけるポイントと対策の視点を中心にしつつも、こうした法人の機関運営やガバナンスについても述べてまいりたいと思います。

2 行政庁の監督

　具体的な問題に入る前に、その基となっている行政庁の監督全体についてみてみましょう。

　立入検査は、行政庁による監督の一連の流れの一つであり、報告要求、立入検査、勧告、命令、認定取消しがあります。これらについて順をおって説明していきます。

〔1〕 監督の基本的考え方

1　公益法人に対して

　監督については、内閣府の「監督の基本的考え方」（2008（平成20）年11月21日）があります（下記参照）。

監督の基本的考え方

平成20年11月21日
内　　閣　　府

　今回の公益法人制度改革により①監督についても主務官庁による裁量的なものから法令で明確に定められた要件に基づくものに改められたこと、②法律により法人のガバナンス（内部統治）及び情報開示について詳細に定められたことを踏まえ、また、③不適切な事案は制度に対する信頼を揺るがしかねないこと、④法人の実態を十分に把握しなければ効果的な監督を行うことができないことを考慮し、国の監督

機関（行政庁たる内閣総理大臣及び法律で内閣総理大臣の権限を委任された公益認定等委員会）は、次のような考え方で新公益法人（新制度の公益社団法人及び公益財団法人をいう。以下同じ。）の監督に臨むことを基本とする。

（1）法令で明確に定められた要件に基づく監督を行うことを原則とする。

（2）法人自治を大前提としつつ、民による公益の増進のため新公益法人が新制度に適切に対応できるよう支援する視点を持つ。

（3）制度への信頼確保のため必要がある場合は、問題ある新公益法人に対し迅速かつ厳正に対処する。

（4）公益認定申請等の審査、定期提出書類等の確認、立入検査などあらゆる機会を活用して法人の実態把握に努める。

　なお、移行法人（公益目的支出計画を実施中の一般社団法人及び一般財団法人をいう。以下同じ。）については公益目的支出計画の履行を確保する観点から監督を行うこととされており、移行法人が公益の目的のための支出（整備法第 119 条第 2 項第 1 号各号の支出をいう。）を行う限りにおいて共通の規律が必要と考えられることから、原則として新公益法人の監督に準じた考え方で監督を行う。

注 監督の具体的措置の範囲
　「監督」は、公益認定（新規、移行）、移行認可の登記終了後、行政庁及び法律で行政庁の権限を委任等された合議制の機関が、新公益法人の事業の適正な運営を確保するために必要な限度において、また、移行法人の公益目的支出計画の履行を確保するために必要な範囲内において、行うものである。

新公益法人については、公益法人認定法では第2章第3節に「公益法人の監督」が設けられ、報告徴収、立入検査、勧告、命令、認定の取消し等の規定が置かれているほか、他節に規定されている変更の認定、定期的な事業報告等も新公益法人の事業の適正な運営を確保するための措置であり、これら全体を監督の具体的措置として捉えることとする。

　移行法人については、整備法第123条第2項に監督の根拠規定が置かれ、更に公益目的支出計画の変更の認可、公益目的支出計画実施報告書の作成及び提出、報告徴収、立入検査、勧告、命令、認可の取消し等の規定が置かれており、これらを監督の具体的措置として捉えることとする。

　監督について、1行目で「①主務官庁による裁量的なものから法令で明確に定められた要件に基づくもの」とあります（下線は筆者によるもの。以下同じ）。

　ここは重要です。つまり、立入検査において法令に基づかない質問や意見は、「何故ですか」と、こちらから聞いてよいということでもあります。つづいて②〜④が述べられ、次のような考え方が基本として示されています。

② 　法律により法人のガバナンス（内部統治）および情報開示について
　　詳細に定められたこと

③ 　不適切な事案は制度に対する信頼を揺るがしかねないこと

④ 　法人の実態を十分に把握しなければ効果的な監督を行うことができ
　　ないこと

〔1〕　監督の基本的考え方　　**11**

ポイント

> 1. 法令で明確に定められた要件に基づく監督を行うことを原則とする。
> 2. 法人自治を大前提としつつ、民による公益の増進のため新公益法人が新制度に適切に対応できるよう支援する視点を持つ。
> 3. 制度への信頼確保のため必要がある場合は、問題ある新公益法人に対し迅速かつ厳正に対処する。
> 4. 公益認定申請等の審査、定期提出書類等の確認、立入検査などあらゆる機会を活用して法人の実態把握に努める。

上記ポイントにおける、

1. は、「監督の基本的考え方」の本文①と同じです。

2. で「支援」とあるところは、これまでなら「監督」であり「摘発」とされていたでしょう。少なくとも移行後最初の立入検査では、本当に支援するという姿勢から行われており、基本的な考えに基づいた検査でした。

3. は、2. で法人自治を大前提としているものの、「問題ある」場合は厳しくいきますということです。

　問題があった場合に求められる報告要求については、本来公開するものではないのですが、過去の事例の一部においては公開までしてしまうという非常に厳しい対応をしています。法人の皆さんにおいては、ガバナンスをしっかりして問題を起こすことのないようにしていただきたいと思います。

「制度への信頼確保」の意味は、

・公益法人は事業そのものに対して税制優遇がある、

・公益法人へ寄附をする人や法人に対しても優遇措置がある、

この2つの優遇があるため、制度に沿った厳密な運営と事業を行うことによってこの制度の信頼を得続けないといけないということであります。

4．は、公益認定申請等の審査および毎年の定期提出書類をきちんと確認して、それをベースに立入検査に入りますということです。したがって、立入検査を受ける側からすれば、学校の試験のように出題の範囲は決まっているわけです。ただ、「あらゆる機会を活用して」の意味は、実は、行政庁へのたれ込みや内部通報がたくさんあるわけで、これによって不祥事などが表沙汰になると、検査の対象ともなるのです。また、新聞や週刊誌のネタもチェックしていることに留意してください。

補　足

1．行政庁の「監督の基本的考え方」として内閣府の例を上記に挙げましたが、地方行政庁も同様です。地方行政庁の監督の基本的考え方については、各地方行政庁のホームページ等をご覧ください。

2．以上の監督の基本的考え方をベースにして、法令に書かれていないことを検査等で指摘された場合は、その根拠をただす、あるいは聞いて構いません。

3．また、公益法人制度への信頼を確保するため、問題を起こした、あるいは問題を抱えた公益法人には、厳しい処分があり得ることに留意してください。

〔1〕 監督の基本的考え方　　13

2 公益目的支出計画を実施中の 移行法人(一般法人)に対して

　前掲「監督の基本的考え方」には、なお書きとして「移行法人（公益目的支出計画を実施中の一般社団法人および一般財団法人）については公益目的支出計画の履行を確保する観点から監督を行うこととされており、移行法人が公益の目的のための支出を行う限りにおいて共通の規律が必要と考えられることから、原則として新公益法人の監督に準じた考え方で監督を行う」とあります。

　したがって、一般法人の方も、公益目的支出計画をしっかりと行っているかを確保する観点から監督され、また求められる規律は、公益法人と同じであるということです。もちろん、公益目的支出計画のない、または計画を終えた一般法人には、立入検査はありません。

〔2〕 報告要求と 立入検査の考え方 （公益法人の場合）

1　報告要求（公益認定法 27）

　公益認定法 27 条（本書 112 頁参照）の第 1 項の前段に「公益法人の事業の適正な運営を確保するために必要な限度において（略）運営組織及び事業活動の状況に関し必要な報告を求め」られるとありますが、これが "報告要求" です。ただ、報告要求は臨時的に発生するものであり、通常は「適正な運営でないのでは」との疑いをもった場合に発動されます。

　行政庁からの内容の公表については、法律の規定がありませんが、2013（平成 25）年 6 月 7 日付内閣府公益認定等委員会より、「公益財団法人全日本柔道連盟に対する報告要求について」が公表されました。異例と思われますが、内閣府のホームページに掲載されています。当局からの公表もあり得る例として認識してください（後述 24 頁「事例」参照）。

　直近では、内閣府公益認定等委員会より、2018（平成 30）年 4 月 27 日付で「公益財団法人日本レスリング協会に対する報告要求につ

いて」ならびに同年6月19日付で「公益財団法人日本レスリング協会からの報告書について」が公表されました。このケースは、①2020年の東京オリンピック・パラリンピックを控えていること、②内閣府に対し「告発状」があったこと、③本件公表について、該当法人から同意を得ていること等、やや異例の要素が含まれています。ただし、いずれにしろ、法律上の根拠がなくても公表があり得ることに留意してください。

2　立入検査（公益認定法 27）

　同じ公益認定法 27 条の第 1 項の後段には、「その職員に、当該公益法人の事務所に立ち入り、その運営組織及び事業活動の状況若しくは帳簿、書類その他の物件を検査させ、若しくは関係者に質問させることができる」とあり、これが"立入検査"の根拠条文となります。

　立入検査は、報告要求と同じく「公益法人の事業の適正な運営を確保するために必要な限度において」、法令で明確に定められている公益法人として遵守すべき事項に関する事業の運営実態を、確認するという観点から行われます。

　検査内容は、以下の 3 つの範囲に絞られています。

ポイント

◎運営組織および事業活動の状況の検査
◎帳簿、書類その他の物件の検査
◎関係者への質問

　同法 27 条 1 項に規定された上記ポイントにしたがって、内閣府および地方法行政庁は「立入検査の考え方」を出していますので、次頁よりこれをみてまいります。

〔2〕　報告要求と立入検査の考え方（公益法人の場合）　　**17**

立入検査の考え方

平成 21 年 12 月 24 日

(平成 26 年 5 月 14 日一部改訂)

内　　閣　　府

　新公益法人^(※1)及び移行法人^(※2)の監督については、法令の規定に加えて基本的考え方を平成 20 年 11 月に内閣府として取りまとめたところである。

　監督の具体的措置のうち、立入検査は、新公益法人及び移行法人の実態把握のための重要な手段のひとつである。「監督の基本的考え方」を踏まえ、新公益法人に対しては公益法人認定法、移行法人に対しては整備法に基づき、適正かつ効果的な監督を効率的に行うことができるよう、立入検査についての原則的な考え方を示すこととする。

(※1) 新制度の公益社団法人及び公益財団法人をいう（特例民法法人から移行の認定（整備法第 44 条）を受けた場合と、新規設立の一般社団法人又は一般財団法人が公益法人認定法第 4 条の認定を受けた場合は同様である。）。

(※2) 特例民法法人から移行の認可（整備法第 45 条）を受けて通常の一般社団法人又は一般財団法人となり、公益目的支出計画を実施中である法人をいう。

1　新公益法人の立入検査

（1）新公益法人の立入検査は、公益法人認定法第 27 条第 1 項で示

された、「公益法人の事業の適正な運営を確保するために必要な限度において」、すなわち法令で明確に定められた新公益法人として遵守すべき事項に関する新公益法人の事業の運営実態を確認するという観点から行う。

（2）概ね3年を目途に全ての法人に対する立入検査が一巡するスケジュールで実施することとする。

　立入検査を適切なものとするために、年度当初までに立入検査に関する計画を毎年作成する。新公益法人の事業の運営状況に応じて立入検査の頻度を増やすなど、重点的かつ機動的な計画とする。

　立入検査の対象となる新公益法人へは、立入検査実施予定日の概ね1か月前に立入検査の実施日時、場所等を通知する。

（3）立入検査の中で、法人関係者から要請があった場合又は必要があると判断する場合には、新公益法人制度に関する理解を深め、適切な法人運営の実施を支援する観点から、制度の詳細について説明等を行う。

（4）公益認定審査等の際の監督担当者への申送り事項等、定期提出書類、変更の届出、報告徴収で得られた情報、外部から提供された情報等を活用し、公益目的事業の実態等立入検査を行わなければ確認が困難な事項を中心に、重点的に検査を実施する。現場における検査の状況等から検査対象事項を拡げる必要があれば、臨機応変に対応する。

　法人運営全般については、理事及び監事等法人運営に責任を持つ者から説明を求める。

〔2〕　報告要求と立入検査の考え方（公益法人の場合）　**19**

（5）公益認定の基準又は欠格事由等に関連する新公益法人の問題点が発覚した場合には、問題点の重大さを勘案して、適時適切に立入検査を実施する。

2 移行法人の立入検査

　移行法人の立入検査については、整備法第128条第1項の規定に基づき、移行法人が、次の一から三のいずれかに該当すると疑うに足りる相当な理由があるときは、特例民法法人から一般法人への移行に係る整備法の規定の施行に必要な限度において立入検査を実施することとなる。

　すなわち、立入検査を行う前提条件として、公益目的支出計画の履行を確保できないと疑うに足りる相当な理由があることが必要であり、移行法人に対する立入検査は事前に計画して行うものではなく、このような事態の発生に対応して実施する。

　一　正当な理由がなく、整備法第119条第2項第1号の支出をしないこと。

　二　各事業年度の整備法第119条第2項第1号の支出が、公益目的支出計画に定めた支出に比して著しく少ないこと。

　三　公益目的財産残額に比して当該移行法人の貸借対照表上の純資産額が著しく少ないにもかかわらず、整備法第125条第1項の変更の認可を受けず、将来における公益目的支出計画の実施に支障が生ずるおそれがあること。

　ここでは立入検査は具体的には、次のように実施するとされています。

ポイント

1. １回目は、公益認定後１年〜３年以内、以後３年以内に１回実施する。
2. おおむね１ヵ月前に実施日時・場所等の連絡あり。
3. 公益認定審査等の際の申し送り事項、定期提出書類、変更の届出、報告要求の情報等を活用し、重点的に検査を実施する。
4. 事務的事項よりは、公益目的事業にかかわるチェックがポイントである。
5. 法人運営全般については、理事・監事等の責任者に説明を求める。

　法令で検査の範囲が定まっており、しかも上記２．にあるように事前に検査日もわかっているということです。検査の１ヵ月前にお知らせがあるということは、１ヵ月もあれば、準備も間に合うということでもあります。ただし、慌ただしくすると必ずミスが起きますので、こうした取り組み方は好ましくありません。日々の業務の中できちんとやっておくことが絶対に必要です。３．４．は、試験の出題範囲とも言える検査内容そのものです。

　５．については、月に一度、顔を出すような理事長やお飾り理事ですと、説明できるかどうかで恐慌をきたしている法人もあるようですが、役割分担も可能であり、その実際については、後述いたします（42頁参照）。

　１．で、３年サイクルで検査があるとしていますが、公益認定基準や欠格事由等に関して問題が出た場合は、当たり前ですが、臨時で検査に入ることもあります。

〔2〕　報告要求と立入検査の考え方（公益法人の場合）　　21

「立入検査の考え方」においては、移行法人（一般法人）についても示されておりますが、公益目的支出計画をしっかりやっている限りにおいては、後述のように立入検査も何もないということであります（28頁）。

補 足

1. 報告要求は、2018（平成30）年3月末現在、内閣府においては149件、地方行政庁では482件（計631件）出されました。特に直近（平成29年度）は、不祥事件等の多発とからんで単年度で94件（内閣府24、都道府県70）と増加しています。

2. 平成26年度末までの主な内容を態様別にすると、以下の通りです。

主な内容	内閣府	都道府県
① 法人組織のガバナンス面に対する指摘等組織運営に関するもの	23	76
② 法人の行っている事業内容に関するもの	25	44
③ 補助金等の取扱いについての改善方策等経理面に関するもの	41	85
④ その他（定期提出書類の提出遅延等）	4	9
合計	93件	214件

3. 立入検査については、2018（平成30）年3月末現在、内閣府では2,844件（うち29年度は697件）、地方行政庁では11,257件（うち29年度は2,318件）、計14,101件行われており、いずれも定例的な検査です。「適正な運営ではないのではないか」との疑いで突発的に行われたものは少数と聞いています。

　＊数値は、いずれも各年の内閣府資料『「公益法人に関する概況」』による。

3 勧告、命令等
（公益認定法 28 ①〜④）

　公益認定法 28 条（本書 113 頁参照）では、行政庁は、公益法人について、①公益認定法 5 条各号に掲げる 18 基準のいずれかに適合しなくなったときや、②公益法人の事業活動等の遵守すべき規定を遵守していないとき等に該当すると疑うに足りる相当な理由がある場合には、期限を定めて、必要な措置をとるべき旨の"勧告"をすることができると規定しています。

　しかも、行政庁がこの勧告をしたときは、その勧告の内容を公表しなければなりません。さらに、この勧告に係る措置を、その公益法人が正当な理由がなく、とらなかったときは、その勧告に係る措置をとるべきことを命ずること（"命令"）ができ、これも公表されます。

　法人がこの命令に従わないと"公益認定の取消し"となります。最近、自主的な公益認定返上によるものではない、公益認定の取消しの事例が発生しています。具体的には次頁の「事例」をご参照ください（なお、命令にまで至ったケースは現時点（平成 30 年 8 月末）では 1 件もありません）。

　ここでよくある誤解として、公益認定法 5 条の 18 の基準のうち一つでも適合しない、要件を満たしていないと、すぐに認定が取り消されてしまうのではないか、と思ってしまう法人があります。たとえば、内閣府の資料『公益法人の各機関の役割と責任』（2013（平成 25）年 10 月 21 日＊）の中で、「公益法人の場合、運営が是正されなければ、公益認定の取消しを受ける可能性もあります。」とさらりと書いてあるので、法人のほうも、直ちに取り消されてしまうと構えてしまうのです。

〔2〕　報告要求と立入検査の考え方（公益法人の場合）　　23

でもこれは違います。後で述べますように、公益認定法 29 条 1 項違反の場合は別ですが（113 頁参照）、まず報告要求があり、つぎに、勧告があり、さらに命令があり、都合 2 ～ 3 年くらいたたないと公益認定の取消しにはならないのです。ただし、最近は勧告後直ちに認定取消しに至る場合が増えており、悠長に構えていると事案によっては直ちに取消しになりますので注意が必要です。

　　＊内閣府の資料『公益法人の各機関の役割と責任』の末尾 14・15 頁に、参考資料として、監督の概要と公益認定取消しになる場合が図解されています（本書にもそれを掲載しております。巻末 130 頁～ 133 頁参照）。

事 例

1. 勧告について

①　前述の（公財）全日本柔道連盟に対しては、2013（平成 25）年 7 月 23 日、内閣府より勧告（女子選手への暴力、助成金の不正受給、セクハラ疑惑とその対応と責任等の事例）が出されて公表されるとともに、その対応状況も公表されています。さらに、同年 11 月 19 日に（公財）日本アイスホッケー連盟に対する勧告（評議員会の役員選任結果への争いと業務引継等に関する不適正な業務執行体制の事例）、12 月 10 日には（公社）全日本テコンドー協会に対して勧告（定款の根拠なく理事会決議による賞罰規程により社員の議決権を制約している事例）が出され、公表されています。

②　さらに 2014（平成 26）年に入り、4 月 1 日に（公社）日本プロゴルフ協会に対する勧告（主要役員が指定暴力団会長等と交際していたという事例）、同月 16 日には、上記（公社）全日本テコンドー協会に対する再度の勧告（簿外の資金の流れがあり、代表理事個人のお金と法人会計が区別されていない事例）と続いており、

後者においては、公益認定法施行後初めてのケースですが、公益認定を自主的に返上しています。

③　その後、平成 27 年度、28 年度と勧告の件数は増えておりますが、具体的法人名は下記の通りです。

	内閣府	都道府県
平成27年度	（公財）日本ライフ協会	（公財）平等院（千葉県）
平成28年度	（公社）日本近代五種協会 （公財）日本生涯学習協議会 （公社）全国里親会	（公社）松戸青年会議所（千葉県） （公社）千葉青年会議所（千葉県）

④　年度別の勧告件数は以下の通りです。

	平成25年度	平成26年度	平成27年度	平成28年度	合計
内閣府	3	2	1	3	9
都道府県	0	1	1	2	4

出典：内閣府資料『平成 28 年「公益法人に関する概況」』

2．公益認定の取消しについて

①　年度別の公益認定の取消し件数（一部自主的な返上を含む）は以下の通りです。

	平成 25 年度	平成 26 年度	平成 27 年度	合計
内閣府	1	0	3	4
都道府県	0	2	4	6

出典：内閣府資料『平成 28 年「公益法人に関する概況」』

②　公益認定取消しの事例（一部自主的な返上を含む）は以下の通りです。

日時	法人名	行政庁	取消事由
①平成26年 7月1日	(公社) 全日本テコンドー 協会	内閣府	公益認定法 29①四
②平成27年 10月15日	(公財) 平等院	千葉県	同法29①二
③平成28年 3月18日	(公財) 日本ライフ協会	内閣府	同法29②一
④同年 3月18日	(公社) 日本ポニーベース ボール協会 (自主的返上)	内閣府	同法29①四
⑤同年 3月29日	(公財) 香焼遠見霊園	長崎県	同法29①一
⑥同年 4月1日	(公財) 秋田県消防協会 (自 主的返上)	秋田県	同法29①四
⑦平成29年 3月31日	(公社) 入間市シルバー人 材センター	埼玉県	同法29①一

③　上記②の事例のうち、⑦については、役員等の欠格事由（公益
認定法6条）の確認を怠った例として注目を要します。

〔事例の内容〕

・2012（平成24）年2月に窃盗罪により、懲役1年6ヵ月の
判決を受けて刑が確定し、2013（平成25）年7月に刑の執
行を終えた者を役員に就任させていた。

・このことは、刑の執行が終わった日から5年を経過していない
者を役員に就任させており、公益認定法6条に違反していると
して公益認定を取り消された。

・役員の就任に際しては、確認書等により、公益認定法6条に該
当するか否かのチェックが必要であることを示す事例である。

補　足

1. 本文３中にて前述した『公益法人の各機関の役割と責任』が出た背景には、公益法人におけるそれなりの数の横領事件や不祥事件等、ガバナンスが欠如するものがあったものと思われます。ここでは事例として「１：横領事件発生！　役員の注意義務は？」「２：相次ぐ不祥事…　各機関の対応は？」として、公益法人における横領事件や使い込み、暴力事件が役員の責任や機関の責任の問題として掲載されています。

2. さらに、2013（平成25）年11月1日発行の「公益認定等委員会だより」でも、この『公益法人の各機関の役割と責任』が強調されており、「公益法人のガバナンスにおける留意事項」として、①国民の信頼あっての公益法人、②公益目的事業と公益法人の財産、③理事・監事には、事業・財産管理者としての注意義務や責任がある、④義務違反には、公益認定取消しもあり得ることが書かれています。

3. 今後の立入検査においても、上のようなことから、公益法人のガバナンスに対する質問や検査の比重が増すとともに、現金・有価証券等の現物検査が厳しくなっています。財産管理の失敗事例とその対策については、「公益認定等委員会だより」において「財産管理のポイント」＊として適時掲載されていますので参照してください。
　　＊内閣府「公益認定委員会だより」第27号〜第29号

〔2〕　報告要求と立入検査の考え方（公益法人の場合）　　**27**

〔3〕 報告要求と
立入検査の考え方
（公益目的支出計画を実施中の 移行法人（一般法人）の場合）

1　報告要求（整備法128）

　整備法128条（本書127頁参照）においては、次頁のポイントのいずれ
かに該当すると疑う相当の理由があるときに、公益目的支出計画等の実施
に必要な限りにおいて、報告を求められます。

> ポイント
>
> 1. 正当な事由がなく公益目的支出計画による支出をしない。
> 2. 事業年度ごとの公益目的支出計画による支出が計画より著しく少ない。
> 3. 純資産が著しく少ないにもかかわらず変更認可がなく、将来の公益目的支出計画の実施に支障が生ずるおそれがある。

2 立入検査(整備法 128)

　同じく整備法128条では立入検査のことが規定されていますが、移行法人に対する立入検査は、公益法人の場合のように定例的に事前に計画して行うものではなく、上記1.～3.のような事態の発生に対応して実施されます。その検査内容は以下のとおりです。

> ポイント
>
> 1. 業務もしくは財産の状況の検査
> 2. 帳簿、書類その他の物件の検査
> 3. 関係者への質問

〔3〕 報告要求と立入検査の考え方　29

3 勧告、命令等(整備法129)

　さらに認可行政庁は、移行法人が前述1の1.～3.のいずれかに該当するときは、期限を定めて、必要な措置をとるべき旨の勧告をすることができます。しかもこの勧告に係る措置を、その移行法人が正当な理由なくとらなかった場合は、その勧告に係る措置をとるべきことを命ずることができます(整備法129条、本書128頁参照)。

　なお、移行法人については、公益法人と異なり、勧告の内容の公表や認定取消し*はありませんが、6ヵ月以下の懲役や50万円以下の罰金等重い刑罰が科せられますので、留意が必要です(整備法144～152参照)。

　＊認可の取消しの制度がありますが(整備法131)、これは認可を偽りその他不正手段により受けた場合の扱いです。

補　足

　公益目的支出計画を実施中の移行法人に対する行政庁の報告要求と立入検査については、2018(平成30)年3月31日現在、その実施の具体例は内閣府では報告要求1件、都道府県では、報告要求が37件、立入検査が9件行われています。

　＊内閣府資料『平成29年「公益法人に関する概況」』による。

3 立入検査の ポイントと対策

　ここでは実例の多い公益法人の事例を基に述べることとします。公益目的支出計画を実施中の移行法人（一般法人）については、公益法人に準じますので、これと比較参照して下さい。

〔1〕 行政庁の
対応や課題等

1　検査員の人員確保等

　2013（平成25）年11月の移行終了期限までに、約9,000法人が公益法人へ移行しましたが、2018（平成30）年11月30日現在では、9,573法人となっています（新設含む）。当初の考え方どおり3年ごとに検査を行うとすると、相当数の検査が毎年必要となりますので、行政庁側の検査官の人員や質的確保が懸念されます。今までの実績をみると、きれいに3年サイクルということは、地方行政の一部を除き実質的には無理となっています*。

　このことはあくまで行政庁側の問題であり、公益法人側が心配することではありませんが、検査の頻度や質に関係してきますから、注意深くウォッチする必要があると考えられます。

　＊ 2015（平成27）年度以降の公益法人数と立入検査の数の推移は下記の通りです。これによって単純計算をすると、地方行政庁では3年にほぼ1回（0.98回）となっていますが、内閣府では0.87回となっています。

33

件数 ＼ 年度	平成 27 年度	平成 28 年度	平成 29 年度	平成 27 ～ 29 年度の法人数平均と検査数の累計
〈法人数〉				（法人数平均）
（a）内閣府 （b）都道府県	2,372 7,025	2,410 7,048	2,440 7,053	2,407 7,042
A　合計	9,397	9,458	9,493	9,449
〈立入検査数〉				（立入検査数累計）
（a'）内閣府 （b'）都道府県	764 2,267	633 2,282	697 2,318	2,094 6,867
B　合計	3,031	2,915	3,015	8,961
〈立入検査数 　÷法人数平均〉				
（a'）/（a） （b'）/（b）	0.32 0.32	0.26 0.32	0.29 0.33	0.87 0.98
B／A	0.32	0.31	0.32	0.95

2　立入検査の チェックリストについて

　立入検査に関する行政庁側のチェックリストというものがあります。公開しているところと非公開のところがあります。たとえば、滋賀県・京都府・鹿児島県等が公表しています（36 頁参照）*。

　詳細なものになりますと、これは、公益社団・財団法人、移行法人すべての項目が出ています。本来なら、自分たちが公益財団法人ならば、その

該当項目をチェックしておけばよいのですが、時に、あり得ない悲喜劇も起きているようです。たとえば、検査官がチェックリストをベースに、財団の検査で社団の項目を質問したり、公益法人に対して移行法人のことを聞いたりすることが実際にあるようです。

　どうしても立入検査が心配であり、「試験で満点を取りたい」と思うようなタイプの方は、こうした検査項目のチェックはしておいたほうが良いかもしれません（ポイントだけを絞っておきたいならば、京都府の資料が非常に参考になります（次頁参照）。この資料は立入検査の本質をつかんでいるといえるのではないでしょうか）。

　後述するように、立入検査は、何よりも毎年提出しなければならない「定期提出書類」が検査の基（素）の一つとなります（44頁参照）。行政庁は、定期提出書類をメインにして検査に来るわけです。したがって「定期提出書類は、報告したらそれでおしまい、（前のことは）忘れてしまった」ではなく、少なくとも検査前には、十分フォローする必要があります。

　チェックリストについては、行政庁と法人の両サイドにおいて、メリットとデメリットがあります。メリットは、たとえば予測可能性の向上や運営指針となる可能性等であり、デメリットは、たとえば細かな検査対策に重点が置かれ、それが自己目的化し本来の公益目的事業の推進への関心が削がれる等があると思われます。

〔1〕　行政庁の対応や課題等　　**35**

＊各チェックリストは、下記のホームページをご参照ください。

ただし、ページが移動または削除されている場合があります。その際は各行政庁へお問い合わせください。

参　考

○滋賀県：

http://www.pref.shiga.lg.jp/koeki-hojin/kouekinintei/files/tatiirikensajissiyouryou.pdf

立入検査官が持参し、これに基づいて立入検査を行うことが明記されている（2018（平成30）年3月改正、A4、29頁）。

○京都府：

内閣府HP「公益法人 information」内「各行政庁への入口」より京都府の『行政庁・委員会・合議制の機関からのお知らせ』にて、2013（平成25）年10月31日付の公益社団・財団法人と移行（一般社団・財団）法人向け各4つの「新制度移行後の法人運営等に関する説明会資料」を検索。

○鹿児島県：

http://www.pref.kagoshima.jp/ab04/20120404.html

検査員の留意事項も記載している（A4、25頁）。

各々参考資料2の中に、公益法人用の「立入検査チェックシート」（5頁）と「事業報告チェックシート」（5頁）、そして「事業報告に係る必要添付書類一覧表及び注意点」（2頁）が、移行法人用には、「公益目的支出計画実施報告書等の提出書類チェックシート」と「公益目的支出計画実施報告書に係る必要添付書類一覧及び注意点」がある（A4、14頁）。

どこの行政庁においても、検査員のための内部的なチェックリスト等は保有しているはずです。ただそれを法人向けに公表するかどうかは、行政庁によって異なると思われます。因みに、内閣府においては、（当面）発表する意思はないようです。

3　立入検査結果の 　　総括的な公表について

　前述2と若干関連しますが、実際の立入検査を行った結果、注意すべき項目や法人の問題点や改善点等の指摘事項等を（団体名やその他の固有名詞等は避けつつ）公表することが考えられます。

　これについては、"開かれた行政"という観点のみではなく、被検査法人以外の法人サイドにおいても運営の参考となり、自主的に改善努力をする手段の一つともなるのではないかと考えます。

　2015（平成27）年度に入り、一部の行政庁においては、下記のとおり検査結果およびそれに基づく指摘事項などを公表しはじめており、法人サイドにおいてはそれを参照し、積極的に参考とすべきものと考えます（下記のデータはすべての行政庁を調査したものではありませんので、自法人の該当する行政庁のホームページ等で検索してみてください）。

〔1〕　行政庁の対応や課題等　　**37**

参 考

1. 大阪府「立入検査における主な指摘事項」(2018 (平成30) 年5月改訂版)

2. 内閣府公益認定等委員会「法人運営における留意事項〜立入検査における主な指摘事項を踏まえて〜」(2015 (平成27) 年7月24日) *

3. 東京都「平成29年度公益法人定期立入検査実施概況報告」(2018 (平成30) 年9月27日) (抄)

以上の1.〜3.については末尾の付録 (137〜162頁) を参照して下さい。

＊なお、内閣府よりは、別途「行政庁による監督と法人運営上の留意事項 (立入検査実施を踏まえて)」も出状されています (2018 (平成30) 年6月6日) が本書付録には入れておりません。

〔2〕 立入検査の実際

　公益法人協会では、計約 40 の法人から立入検査を受けた内容について情報提供をいただいております。

　学会、博物館、研究機関、奨学団体、助成財団、芸術文化財団、福祉財団、スポーツ団体、スポーツ施設財団・同業種団体等から受けましたので、公益法人協会の事例も含めてこれらの 40 数法人の検査実例を以下のようにまとめました（後掲 65 頁〜73 頁、お役立ち 1 「立入検査質問・書類確認等事例集」参照）。

　また、公益法人協会の過去 2 回の立入検査の概要は下記のとおりです。検査の具体的内容については、お役立ち 2 「（公財）公益法人協会への立入検査の実例」を参照してください（後掲 74 頁〜90 頁）。

（公財）公益法人協会への立入検査

1　公益法人協会への内閣府による立入検査については、今まで（2018（平成30）年12月現在）に2回行われています。

　　①　第1回…2011（平成23）年2月22日

（公益認定取得後約2年目）

　　②　第2回…2018（平成30）年4月25日

（前回検査後約7年目）

　　第2回目の検査がこのように遅れた理由は、行政庁の事務の多忙さ等によるものと思われますが、3年ごとのサイクルとは必ずしもなっていない事例の一つです。

2　第1回目と第2回目の検査内容については、この間に公益認定法の監督の規定の改正があったわけではありませんので、基本的には変わっていません。ただし、第1章の〔3〕で記載したように、公益法人を取り巻く環境の変化により、法人のガバナンスやインターナルコントロールを中心とした事項（機関運営やコンプライアンス、財産管理等）に重点がより置かれるようになっています。なお、公益法人協会の例では該当するものがありませんが、前回に指摘事項があった場合は、それについての改善状況の検査があるようです。

3　第1回の検査の内容については、75頁〜83頁を、第2回の検査の内容については、84頁〜90頁を参照ください。

1　事前通知

　立入検査実施予定日の概ね1ヵ月前に日時・場所等の事前通知があります。日にちについては法人の事情により調整が可能です（数ヵ月前後の調整が可能であった事例もあります）。

　これは法人によっては、たとえば理事長や専務理事が多忙なため日程の調整がつかない場合があるためです。正当な理由があれば可能のようです。「準備ができてないから延ばしてほしい」というのはあり得ません。

2　検査時間等

1)　検査時間

　ほとんどの法人の検査時間は、午前10時から午後5時までの7時間です（実際には30分前後の短縮・延長あり）。

　時には、午前だけ、午後だけと半日でやってしまうという事例もあります。これは効率的といえましょうが、受ける法人側は大変です。次に述べるのは、通常2名で1日かけるところを、4名で来て半日で済ませるというものです。すると小規模な法人ともなると、検査官のほうが多くなってしまって、矢継ぎ早の質問に答弁しつづけるということになります。

　行政庁側も試行錯誤でいろいろなやり方を試しているのでしょうが、時間がたてば、落ち着くところに落ち着くと思われます。

〔2〕　立入検査の実際　**41**

2) 検査官

２名（企画・運営担当官および経理・総務担当官）というのが標準的です（公益法人協会の場合は第１回目は３名でしたが、第２回目は４名となりましたがこれは例外的と思われます）。

3) 法人側出席者

通常においては、理事長（会長）・専務・常務理事、または事務局長のほか、１～３名の職員で対応することでよいだろうと思います。

公益法人協会の第２回目の場合は、理事長以下役付理事全員（３名）、監事（３名中２名）、職員（３～４名）で対応しました（ただ、これは特殊な事例でやや出席者が多すぎるかもしれません）。

内閣府では、検査通知に際し「貴法人における各業務について責任を有する役員及び個別事業や財務状況に係る具体的な内容について説明できる職員」の対応をお願いするとしており、経営方針や事業全般について説明できる責任者や財務状況を把握する役職員の出席が不可欠です。

ただし、役員については、責任を有する事項への説明が要求されていることから、すべての事項について説明が求められることはなく、また具体的な内容については、それを詳しく説明できる職員でよいとされていますので、役割分担をして対応することがよいでしょう。

なお、立入検査官に事前に了解を得ていれば、税理士や公認会計士、必要に応じて弁護士の同席も可能です。

3 立入検査当日・事前準備資料

1) 当日準備資料

内閣府では、法人側が当日準備すべき書類として、次の例をあげています。

- ・組織図
- ・事業報告書（関連する経理関係帳簿）
- ・事業計画書
- ・理事会や社員総会・評議員会議事録
- ・計算書類等の備置き書類
- ・定款
- ・事業及び経理関係規程
- ・制定規程の一覧表
- ・履歴事項全部証明書（登記事項の最新版）
- ・役員等名簿（兼務状況記載）
- ・移行認定申請書類（変更認定及び変更届関係を含む）
- ・事業関係資料（広報誌、各事業のパンフレット等）
- ・役員報酬額の内容が確認できる書類
- ・寄附の内容がわかる書類（募集の資料、寄附者からの寄附金申込書等）
   等

---

〔2〕 立入検査の実際 **43**

その他に、以下についても話が及ぶ可能性が高いことから、すぐに閲覧できるよう関係書類等を近くに置いておくことがよいと考えます。具体的には次のような書類です。

- ・当該事業年度の稟議書（決裁文書）のすべて
- ・各機関（理事会や社員総会・評議員会の議事録）の開催通知や起案書等
- ・当該年度の定期提出書類
- ・役員の就任承諾書、確認書、略歴書
- ・総勘定元帳、その他の会計帳簿・補助簿等

なお、最近の立入検査事例では、立入検査の日程等が決まると、検査当日準備しておくべき資料について、一覧表を送ってくることが多いようですので、その場合はそれに基づいた対応をすればよろしいことになります。

2） 事前準備資料

行政庁の準備としては、毎年度ないしは立入検査当該年度の定期提出書類をベースにして、事業報告書そのものならびに必要添付書類等を照合し、当該法人の検査チェックリストを作って持参しているようです*。

したがって、検査を受ける法人側も、自分たちの提出した書類等との照合は必須といえましょう。

＊上記［1］2で述べたような一般的なチェックリストとは別に、定期提出のためのチェックリストがあり、前述のとおり京都府では、法人側にも持っていたほうがよいリストを公開しています（36頁参照）。

44　3　立入検査のポイントと対策

4　法人側の冒頭説明

　法人側責任者から、法人の設立経緯、歴史、経営方針、当該事業年度の事業計画・予算、次年度以降の見通しなどの説明を行います。

　当該法人に対する検査官の認識を深めるための良い機会でもあるため、事前に十分説明内容を推敲し、要領よく説明することが望まれます。

　時間は通常の場合 20〜40 分程度をかけています。

5　検査結果のまとめと講評

　前述 4 に引き続いて、具体的な質問や書類確認等に入りますが、それについては次の〔3〕で述べることとします。

　最後の検査結果のまとめと講評については以下の通りです。

```
ポイント
```

> 1. 何も問題がなかった場合は、講評でその旨の説明があり、それで終了するのですが、念のため 1 ヵ月以内に文書で通知するとする行政庁があります。
> 2. 何か問題があった場合は、改善策等の報告を求められることがあり、内容によっては何回か行政庁とのやりとりが行われます。

〔2〕　立入検査の実際　**45**

3. さらに報告要求の結果、行政庁の判断により勧告が行われるケースも少数ながらあり、この場合はさらに認定取消しに至ることもありますが、これは例外的といっていいでしょう。

〔3〕 質問・書類確認等のポイント

　立入検査について、（公財）公益法人協会に情報提供された各法人が受けた質問内容は、後掲お役立ち1（65頁～）のとおりです。それを整理してまとめてみますと、質問や書類確認等は、主として次頁以降の1～5の各ポイント・観点から行われているようです。

　ただ注意しておくべきこととして、今後は前述した勧告事例等もあったことから（24頁参照）、法人のガバナンスに関する視点からの検査や指導等あるいは人事・労務関係の確認などへも範囲が広がり、質問としてその俎上に上がっております。

　今後のポイントとして、まず次の1.～3.があります。

> **ポイント**
>
> 1. 役員のガバナンスが隅々まで効いているか
> 2. 就業規則等諸規程が作成され、常備されているか
> 3. 労使間の協調等法人運営がうまくいっているか

　2～3人の小規模法人でも就業規則が必要かどうかは、各法人の判断ですが、規則があれば、馴れ合いでやっているという判断はされないでしょう。

1　事業について

　ここが検査の一番のポイントです。

1)　実施事業の範囲

> **ポイント**
>
> 1. 認定を受けた公益目的事業が、確かに実施されているか
> 2. 事業の変更をしていないか、新しい事業を行っていないか（届出または変更認定申請の対象となり得るかの確認）

〔3〕　質問・書類確認等のポイント　**47**

解　説

1．について

　検査の目的は、公益法人が公益目的事業をたしかに実施しているかをみるためです。

　なぜなら、立入検査の目的の一つが、行政庁が公益法人を支援するということである以上、公益目的事業の実施状況を検査・確認して把握しておくというのが大眼目だからです。

　したがって認定を受けた公益目的事業は確かに実施しなければならず、認定を受けたにも関わらず、行っていない、またはその気もない場合は、変更認定を受ける必要があります。

2．について

　公益法人は、公益目的事業を実施するということで認定を受け、税制上の優遇をうけています。したがって、行う事業については規制がありますが、決して新しい事業をしてはならないのではなく、新しい事業を行う場合は、届出または変更認定申請をしなければならない場合があるということです。

　ただ、大きな括りで公益目的事業を定めていれば、新しい事業がその中で読み取れる場合もあり届出が必要ないこともあり得ます。一般には届出や変更認定申請をするべきかどうか迷うことが多いと思いますが、この判断が非常に難しいところです。

　ここについては内閣府の FAQ 問Ⅺ－1－① （変更の認定と変更の届出）が改正されていますのでそれを参照してください。なお、この FAQ だけではやや分かりにくいことから、2017（平成 29）年 1 月に「公益目的事業に係る変更認定・変更届出ガイド」が出されていますので、これもご参照下さい。

48　　3　立入検査のポイントと対策

行政庁は、小さなことでも届出や変更認定申請をすることを要請するところが多いでしょう。本来、制度の主旨である自己責任経営ということから、自己判断で基本的にはよいのですが、必要に応じて行政庁と相談することも考慮に入れてください。

2） 事業の公開性、公平性・公正性

ポイント

１．事業が広く一般に開放されているか、身内の閉鎖的なものではないかどうか

２．親企業や寄附者あるいは特定の者への利益供与はないかどうか

３．助成財団や奨学団体等の選考委員は、実質的に誰が選んでいるか、またその任期は

４．助成財団や奨学団体等の選考委員会と理事会決定（報告）の関係はどうか

５．役員等との利益相反取引の疑いがあるものはないか

６．機関誌やニュースレターの配布先と部数等

解 説

１．２．について

公益目的事業とは、不特定多数の利益の増進に寄与するものでなければならないというのが基本的要件です。

たとえば、資格授与団体であったら、その資格試験の応募者につい

〔3〕 質問・書類確認等のポイント　49

ては広く募集しなければなりません。結果的に特定の層が集まるというのは防ぐことはできないので仕方ありませんが、開かれていることを示すことが必要なのです。このことは、講座やセミナーといった事業の場合も同様であり、公開性が要求されます。

悩ましいのは委託研究の受託の場合等であり、すぐれた研究であって将来国民の役に立つものであっても、委託者との関係から研究成果を直ちには公表できないケースなどでは、公開性に欠けることから、公益目的事業とはされないことが多いと思われます。

3．4．について

助成や奨学のように"お金"に絡むものは、通常、第三者である選考委員会によって助成先、配分先等を決めてもらいます。しかしながら、その選考委員が長年にわたり固定していたりすると、「誰そればかり助成をうけている…」といったように変な疑いや余計な噂がたてられたりします。一定の任期を設けたり、適正な人選と選考委員間のバランスをとっていることを説明できるようにしておく必要があります。

なお、助成や奨学は、選考委員が決めるだけでなく、理事会にかけなければ最終決定にはなりません。責任を負うのは理事であり理事会です。理事会にかけていなければ執行部が勝手に行ったということになりますので、注意が必要です。

5．について

役員等との利益相反取引については、まともにそれに当たるものについて、きちんと手続を踏んで行っているかどうかがチェックされますが、役員が兼務している他の団体への助成金というかたちで行われ

ることもない訳ではありませんので、このような形が行われていない
かどうかについても留意する必要があります。

6. について

　これは不特定多数に配布しているかの証明が必要です。会員だけへ
の配付だと、公益でなく共益とされかねません。機関誌やニュースレ
ターの配布を公益目的事業として位置付けている場合は、その誌面等
に商業的な宣伝に類する記事等は利益供与の観点から避けるほうがよ
いでしょう。

2　機関運営・ガバナンスについて

　ここもガバナンスの観点からみて重要なポイントです。しかもここはあ
る意味、検査する側からみると、外形的な書類等により非常にチェックし
やすいので、手続等を遺漏なく行い、検査官から指摘を受けないようにす
る必要があります。

1）　役員一般

ポイント

1. 役員等の変更がないかどうか（変更にかかる登記と行政
　庁への届出の確認）

〔3〕　質問・書類確認等のポイント　**51**

> 2. 役員等の欠格事由の確認方法、就任承諾書の存在
> 3. 任期の確認（追加選任・補欠選任の違いなど確認）

解 説

1. について

　これを誤る法人は結構多いです。登記を忘れていたり、任期の計算を間違えて（任期を過ぎていたり、逆に任期が重なっている役員がいたり）しまうことがありますので注意が必要です。

2. について

　公益認定申請時には、欠格事由について個々の役員から確認をとることが必要とされたわけではなく、法人が代表して、全役員が資格を満たしているという確認書を出しています。その後、役員の入れ替わり等があると、法律上の義務ではありませんが、その都度この確認をとらねばなりません。そこで、立入検査の時に「個々の役員について、どう確認していますか」と問われます。

　これについては、就任承諾書をいただく時に、同時に履歴書なり宣誓書のようなものをいただくというのがよいかと思います。偉い方だから、失礼だから、と遠慮してはいけません。手続上のこととして、習慣化してしまえばよいのです。これを怠ったためか、公益認定法6条1項の欠格事由のある人を理事としてしまったため、前述した入間市シルバー人材センターの事例のように、公益認定法29条1項1号違反で認定取消しとなりましたので、くれぐれも注意が必要です。

3．について

　上記1．の一般的な任期の他に、追加選任と補欠選任では任期が違ってきますので、その計算を間違わないようにする必要があります。また、評議員や監事は独立の機関なので、それぞれの任期ですすんでいきますから、増員の場合はそれぞれの任期の確認が必要です。個々の役員の任期スケジュール表を作っておくと便利です。

2）　機関運営

ポイント

1．各機関の招集開催手続や出欠の確認
2．定時社員総会・評議員会の招集と開催に2週間以上の間隔があるかの確認
3．議事録の確認（特に役員の変更があった場合について）
4．決議の省略における議事録について
5．代表理事・業務執行理事の業務執行の理事会報告（開催の間隔および議事録への記載内容の確認）

解　説

1．について

　これは立入検査ではよく聞かれますので、きめ細かく毎回しっかりやっておくのがよいでしょう。たとえば、理事会の招集も口頭で済ませるのではなく、稟議をおこして、かつ法律上必要ではありませんが、招集の文書を出しておけば、後で問題になりません。

〔3〕　質問・書類確認等のポイント　**53**

出欠の確認が必要なのかという思いもあるでしょうが、議事録を確認する際に、本当に出席したのかどうかと聞かれることがあります。理事会などに出席者が自分の名前を記入できる紙を用意しておけば、そこにあるサインで出欠を確認できますので、習慣づけるのもよいかと思います。

2．について

　これもよく質問されます。招集開催文書（郵便物）の発送日等をみて、議事録と照合すれば一目瞭然ですから、その都度その都度きっちりと計算してやっておくのがよいでしょう。

3．4．について

　役員の変更があれば登記や変更届を行政庁へするわけですが、議事録でも確認するということです。もともと登記するためには議事録が必要であることから、その作成は必須といえましょう。

　決議の省略における議事録の記載については、自己流でなく、法令に基づいて作成しているかどうかということであります。

　議事録の記載項目は、すべて決まっています（一般法人法施行規則11、15、60）。また、議事録にはどこまで書き込めばよいのかという相談がありますが、要点を的確にまとめるのがよいとされています。具体的には、速記録のように一言一句もれなくということでもなく、議事録ですので項目の箇条書きだけでは意味がありません。

5．について

　この項目が一番よく聞かれますが、これの検査官への説明は、基本的には議事録の記載によることになります。

54　3　立入検査のポイントと対策

さまざまな事業をやっている法人が、議事録においてそのすべてを詳細に述べるのは大変なことで、重要な部分のみを書くということになりますが、つまりは要領よく内容が明確に分かるように、またそれを簡潔に記載するということになります。報告内容を一覧表にして、説明文もつけ加えておくこともよいと思われます。

3）　監　事

ポイント

> 1．監査報告書の書き方
> 2．監事の監査方法や監査の実施状況等
> 3．監事の理事会での発言や出席率
> 4．監事監査の前の執行側の決裁体制はどうなっているか

解　説

1．〜3．について

　公益法人制度改革により監事の役割が増し、ガバナンスの中心の一つとなりました。立入検査では、監事が本当に機能しているかどうかがみられます。したがって、監査報告書が法令上の要件を満たし（一般法人法施行規則36、45）、しっかり書かれているかどうか、監査の実際、なかでも義務付けられている理事会への出席そのものについて、また必要あるときに理事会で発言しているかいないのかは、まさに監事としての役割を果たしているかどうかに直接かかわってくることです。特に、理事会に毎回出席していないというのは論外ですので、人

〔3〕　質問・書類確認等のポイント　　**55**

選等において考慮する必要があると思われます。

　なお、監査報告書の内容は法定されていますので（同法施行規則36、45）、それに則る必要があります（従来の簡単なものでは不可ですので、注意してください）。

4．について

　このような質問を時としてされるようですが、監事監査の前に理事会として決算の承認は必要ありません。一般法人法に則り社員総会または評議員会の前にとり行えばよろしいでしょう。

4）　その他

ポイント

> １．委員会など法定外の機関の委員選定方法、職務内容・
>   選考委員等の謝金・交通費等の基準
> ２．内部監査制度の有無と実施状況

解　説

1．について

　法人が事業を行う上で、あるいは調査研究をする上で内部委員会を組織するような場合、よくある質問は、その委員の選び方や謝金や交通費をいくら支払っているのか、その基準や水準を聞いてきます。要するに利益供与にあたるかどうかです。額の多い少ないではなく、それに値することをしているという必然性の確認です。

56　　3　立入検査のポイントと対策

２．について

　　内部監査制度はあったほうがよいが、法律上は必要なく、ほとんど
　の公益法人には設置されていないでしょうから、「なければない」と
　答えればよいでしょう。

3　財務の遵守基準関係について

ポイント

１．財務３基準（収支相償・公益目的事業比率・遊休財産規制）
　のチェック（抵触の場合の説明要請、解決策示唆など）

２．収支相償における黒字対策

３．共通収益・費用の配賦基準（考え方の説明を求める）

４．理事会費用、理事の報酬、受賞式の費用等の法人会計
　への計上

５．特定資産等の減少原因（取り崩しかどうか、手続を遵守し
　ているか）

６．法人会計の剰余金発生事由・定期提出書類記載内容（正
　しく報告されているか）

７．収益事業の収支状況

---

〔3〕　質問・書類確認等のポイント　　**57**

```
解　説
```

1.～3.について

　　内閣府の会計委員会において2013～14（平成25～26）年度
にかけて見直しの議論は行われたものの、法律を改正するのではなく、
運用の部分でカバーしようということでした。

　　この見直しの結果、収支相償については若干の緩和や取扱いの明確
化が図られています。これらについては下記内閣府のFAQを参照し
て対応してください。

　　　問Ⅴ－2－③（収支相償）→ ある年度で剰余金が生じたことのみ
　　　　　　　　　　　　　　　　をもって勧告を受けたり、認定を取
　　　　　　　　　　　　　　　　り消されることはないことが付加さ
　　　　　　　　　　　　　　　　れた。
　　　問Ⅴ－2－⑥（収支相償）→ 収支相償の剰余金解消計画が、2年
　　　　　　　　　　　　　　　　から3年に延長された。
　　　問Ⅴ－2－⑦（収支相償）→ 収支相償の剰余金が生じた場合に、
　　　　　　　　　　　　　　　　一定の要件のもとに、公益目的保有
　　　　　　　　　　　　　　　　財産として金融資産の取得が認めら
　　　　　　　　　　　　　　　　れた。

　　公益目的事業比率も50％を割ったとしても、直ちに公益認定取消
しということではなく、来年再来年以降になおしていけばよいでしょ
う。

　　共通収益・費用の配賦基準については、法人会計で大幅な黒字になっ
たような場合に質問されるようです。ただこれは理事会の承認は必要
ですが、十分な理由があれば変更ができますので、必要に応じその対
応をはかってください。

4．について

　　収支相償のために、理事会費用や理事の報酬を公益目的事業会計に入れていることを指摘したり、助成や表彰、コンクールの受賞式の費用をかけすぎるというような指摘があるようです。このうち、理事会費用の場合は難しいと思われますが、理事が実際に公益目的事業を執行しているときは、その執行割合等の説明が妥当であれば、リーズナブルな費用として公益目的事業会計に配賦してもかまいません。なお、法人会計の会議費等については、参加者の個別の費用負担額やアルコールの提供等の有無を質問される場合もあるようです。

5．について

　　特定資産や基本財産というのは特別に決められた資産ですから、積立ても取崩しも、妥当な理由と理事会の承認といった手続上の承認を求められるということです。

6．について

　　実際の帳簿から敷衍して、正しいかどうかをみるということはないようです。ただ、行政庁によっては「帳簿を持ってきてください」ということはあるようです。

7．について

　　収益事業でありながら、赤字を続けているならば、「それは止めなさい」という指摘がされたということです（これは、一般的には正しいことかもしれませんが、本来的には法人の自己責任で判断すべき事柄と思います）。

〔3〕　質問・書類確認等のポイント　　**59**

4 経理・庶務について

1) 現物の管理

ポイント

1. 現預金・投資有価証券の残高確認（通帳、残高証明書、証券会社保管証明書など）
2. 固定資産の確認（固定資産台帳など）
3. 預金通帳・印鑑の保管場所確認

解 説

1.～3. について

　このあたりについて、公益法人の不祥事が多いことから非常に厳しくみられているところです。お金まわりは、注意しても注意しすぎるということはないのです。行政庁によっては、この項目のみを事前に公益法人サイドがチェックするようにリストを作成しているところもあります。

　公益法人においては、その財産はある意味で公的なものであり、現金や有価証券、あるいは預金通帳や印鑑が盗られてしまったでは済みません*。銀行の貸金庫を利用して保管したり、しっかりした保管場所を用意することが必要です。その場合、通帳と印鑑が同じ場所に保管されていないかもチェックされます。また、小口現金についても、その管理の実体と帳簿との突合がみられるようです。

60　3　立入検査のポイントと対策

なお、銀行や証券会社の残高証明書・保管証明書については、担当者が入手後改ざんする可能性もあるため、管理者あるいは外部の検査機関が別途徴求することも法人の内部管理として考える必要がでてきています。

　　＊公益認定等ガイドラインのⅠの2では、「財産の管理、運用について法人の役員が適切に関与すること」とされており、不適切な管理の結果、法人に損失が生じた場合には、当該担当者はもちろんのこと、上司や担当役員がその損失の穴埋めを要請されています。

2) インターナル・コントロール

ポイント

---

1. 就業規則・責任権限規程・印章取扱規程の確認
2. 経理担当者と管理者の職責分離状況
3. 支払決裁者と送金担当者との分離状況
4. 諸謝金の計算根拠（規程、内規、稟議書など）

解　説

1．について

　ここは、法人がしっかりとコントロールしているかどうか確かめる一つの項目であります。少人数しかいない小規模法人であっても規程は作っておいたほうがよいでしょう。また印章等の取扱いの実体は、実際に管理されている状況を実地に検分するなどがよくみられるようです。

〔3〕　質問・書類確認等のポイント　61

2．について

　ここが、実は一番問題が起こりやすいところです。

　現金を預かっているところで、少人数でなぁなぁでやっていることが多いからです。2人だけの担当者しかいないようなチェック機能が働かない状況は改め、たとえば外部から税理士をいれて月に1回はチェックしてもらうようにして（負担はかかるでしょうが）第三者の目が入るようにしたほうがよいでしょう。小口現金の管理もしっかりしていないと、"塵も積もれば山"となって、多額の流出につながる場合もあるので、留意が必要です。

3．について

　上記に増して問題となるのが、送金であります。現金ですと動かすのは小さな額ですが、送金となると大きな額を動かせてしまうわけです。悪いことをしようとすればできる状況をなくすとともに、やはり第三者の目を入れる必要があります。

4．について

　これもかなり質問されるようです。地方々々によって違いがあると思いますので、その地の相場を税務署等で確認しておくこともよいと考えます。いずれにしましても、計算根拠がきちんと存在し、その支払額が法人にとってリーズナブルであることの証明は必要となります。

62　3　立入検査のポイントと対策

3) 事務の流れ

ポイント

1. 決算プロセスの確認（事務の流れ）
2. 稟議書など決裁文書の確認

解　説

1. について

　　行政庁、検査官にとって、複式簿記になじみが少ないこともあり、非常に興味があるところのようです。特に入金と支払いの事務フロー等については、細かく聞かれるようです。

　　ここは、事務の流れを要領よく説明してください。場合によっては税理士や公認会計士等の専門家の助けを借りることも、事前の了解のもとに可能です。

2. について

　　口頭でいくら説明するよりも証拠や根拠になるものとして、決裁文書等をきちんと作成し保管しておくべきものです。日頃から稟議等の決裁文書の作成を行っていればなんでもない事項であり、その習慣をつけることが肝要です。

〔3〕　質問・書類確認等のポイント　63

5 情報公開・契約書類等について

ポイント

1. 情報公開は適切になされているか
2. 法定の事務所備置き書類の確認
3. 「事務所掲示」による公告の状況チェック（場所など）
4. 事務所賃貸契約書
5. リース契約やシステム保守契約
6. 外注（委託）契約書
7. 会計監査契約書など

解 説

1.〜3. について

　これらは情報公開にかかるものですが、公益法人である限り、法定の公開手続きを間違いなく行うのはもちろんのことです。公益法人というのは、社会的存在であることから、基本的には何人に対してもすべての情報を開示する必要があります。したがって法定の手続きを踏んでいることは当然のことであり、さらにホームページ等の開設により、積極的に情報公開していくことも望まれます。

4.〜7. について

　契約書関係については、現金・現物の管理と同様に非常に重要なものであり、契約内容や契約調印者の確認、さらには契約書類の保管場所など十分注意する必要があります。

64　3　立入検査のポイントと対策

お役立ち１「立入検査質問・書類確認等事例集」

分類	項目	質問・指摘内容
事業	実施事業	・各事業が定款の事業規程のどれに結びつくのか。 ・事業変更はなかったか、新規事業、廃止事業はないか。 ・公益認定申請時の事業との相違点（変更届出済）を確認。 ・（博物館の）レストラン・売店は外部の人も利用可能か。 ・個別の事業について詳細なヒアリングがあった。 ・（社会環境の変化に伴い）現在実施している公益目的事業の現状と今後の課題（継続できるか）について問われた。 ・収益事業の収入減について対応策を講じてはいかがか。 ・特定先への補助金給付について説明を求められた。 ・親企業や寄附者との利害関係があるか。 ・外部に委託している事業はあるか、あればその内容。 ・実施事業の専門性や、技術的能力はあるか。
	変更申請	・変更認定申請を出すよう指導された。 ・変更届で良い場合についてアドバイスがあった。

〔3〕 質問・書類確認等のポイント　65

		・移行認定申請の際になかった災害救済事業について変更認定申請を行うようアドバイスされた。
事業	事業の公開性、公正性	・事業の公益性は保たれているか。 ・(移行時に認定された公益目的事業について)公益性はないのではないか、収益事業にすべきだと言われた。 ・収益事業が増えていないか。 ・移行後、変わったこと、変えたこと、気をつけていることは何か。 ・研究会など広く一般に開かれていることを積極的にチラシ等に書いてはどうか(後日非会員の研究会参加者数資料を提出した)。 ・セミナー・研究会などの募集方法、非会員でも参加可能か。 ・参加資格限定の講座の公益性について問われた。 ・選考作業の実態説明を求められた。 ・選考委員会委員選出規程の整備を求められた。 ・指定大学を決めた経緯、採用の進め方、面接、採点、助成採択審査などについての質問。 ・研究報告書・機関誌などの配布先部数。 ・段級位等資格に係る試験・審査基準等はどうなっているか。 ・助成対象先からの事業報告のみならず、収支報告も徴してはいかがとの意見の表示があった。

	事業報告書の記載	・公1、収1のように対応関係を記載したほうがよいとアドバイス。
	業務委託契約	・業務委託の内容、委託先、契約内容の確認。 ・施設管理、清掃など委託契約の相手方が説明できるかどうか（利益相反取引でないこと）、入札、相見積りなどを慫慂された。
機関運営	役員・評議員関係	・会員数、正会員・普通会員・賛助会員の違いを聞かれた。 ・代議員制度など会員と法人運営について聞かれた。 ・顧問を置くとしているが、置かれていない。定款変更が必要。 ・欠格事項についてチェックは行われているか。 ・就任承諾書・履歴書の提示を求められた。 ・役員等候補者から徴求する履歴書は欠格事由、兼職状況を確認できるものにするようアドバイスされた。 ・外部役員責任限定契約の締結に係る定款の定めについて、登記が必要であると指導された。 ・役員等の変更についての議事録を見せてほしい。 ・改選後、第1回の理事会で執行理事選任が必要との指導あり（注：法律上は必ずしもその必要はない）。 ・役員選任が補欠選任か追加選任かを確認され、両者の場合で任期計算方法が異なることを指摘された。

〔3〕 質問・書類確認等のポイント　**67**

機関運営		・代表・執行理事が評議員会に出席して責務を果たしているか。 ・同一団体３分の１規制はクリアしているか。 ・役員等の利益相反取引等はないか。 ・利益相反取引について理事会承認を得ているか。 ・特定の者への利益供与はないか。 ・役員、委員会委員の報酬基準について説明を求められた。 ・交通費実費相当額を超えたお車代について報酬であるとの指摘があった。
	招集手続・議事録	・機関の招集通知、出欠の状況ならびに議事録等を確認された。 ・招集手続省略による社員総会後の臨時理事会における代表理事等の選定について理事の「同意」など確認を求められた。 ・理事、監事は実際に出席しているか、出席葉書等の確認。 ・一部の監事の出席率が良くないとの指摘があった。 ・理事会から定時評議員会（社員総会）まで２週間以上あいているか。 ・議事録によれば全員一致となっているが実態はどうか。 ・決議の省略の有無。 ・報告の省略の有無。 ・議決権の代理行使の受任者について（白紙委任状の当否）。 ・議決権の書面行使について。

		・社員総会参考書類の交付方法について。
機関 運営		・事業計画・収支予算、事業報告・決算が社員総会で機関決定されるまでの手順（稟議書、議事録、規程などと照らし合わせながら）の確認。
		・社員総会議事録に出席した理事・監事の氏名、議事録作成者の氏名を明記するよう指導された。
		・議事録の捺印は適切か。
	職務執行報告	・代表・執行理事の職務報告の頻度を確認され、定款との齟齬を指摘された。
		・代表・執行理事の職務報告は議事録にその旨記載するよう指導された。
	監事監査	・監事監査規程に沿って行われているかどうか質問を受けた。
		・監事監査の実施方法や実施状況について説明を求められた。
		・監事はどのような役割を果たしているか。監事から（執行部あるいは事務局へ）の要望事項はあったか。
		・監事は理事会・社員総会への報告義務を果たしているか。
		・期中監査を行っているか。
		・内部監査は行っているか。
		・監査報告について、一般法人法施行規則に従って作成するよう指導を受けた。
	委員会等の組織等	・（選考）委員の履歴書提示を求められ、事業との利害関係を確認された。
		・（選考）委員会の構成その役割等について説明を求められた。

〔3〕 質問・書類確認等のポイント　**69**

		・選考委員への謝金等稟議書・領収書ならびに旅費規程と支払方法の説明を求められた。
		・選考委員会決定と理事会決定の前後関係についての説明を求められた。
		・「研究助成の窓口が広いと選考委員間の意見の一致は難しいのでは」と聞かれた。
財務	財務3基準関係	・収支相償の恒常的黒字を指摘され、その体質改善を求められた。
		・収支相償についてその解消方法を聞かれた。
		・3年連続の黒字は「報告要求」との意見を述べる検査官もいた。
		・奨学資金積立資産の取崩しの根拠・その手続の確認。
		・特定資産が減少したが、今後の見通しを聞かれ、今後も続くなら事業規模縮小ないしは取崩し手続を厳格に遂行すること、遊休財産を持つことも考慮してはどうかと示唆を受けた。
		・基本財産の組入れ・処分は理事会の承認によるとの定款に変更してはどうかと指摘を受けた（現行定款はその点曖昧）。
		・遊休財産の解消方法と対策を聞かれた。
		・移行申請時は2号財産と認められた特定資産について、認められないとの指摘を受けた。
		・特定費用準備資金の取崩し・使途。
	収益・費用の配賦基準等	・共通収益・費用の各会計への配賦基準について説明を求められた。

		・公益目的事業計画がマイナス、法人会計が大幅黒字となっている理由の説明を求められた。 ・寄附金の使途指定の有無および各会計への配賦割合について。 ・従事割合を予算時点と決算時点で変更している理由。 ・国、地方公共団体からの補助金の公益目的事業等への振分け方はどうか。 ・理事会やそれに伴う役員報酬は法人会計に計上するよう指導された。 ・式典に伴う着席のディナーの費用は法人管理的な活動であり、法人会計に計上するよう指導された。 ・未収会費の（計上の）考え方はどうなっているか。
	資金運用	・公社債の運用管理方法について説明を求められた。 ・財産管理の方法について、株式などによる運用を行っているかなどの質問を受けた。
会計・経理・庶務	会計の流れ	・予算管理（執行状況等）はどうなっているか。 ・決算の手順および承認手続について。 ・会計処理規程を見せて欲しい。 ・日常の会計処理の流れ、手続の確認。 ・予備費は計上しているか。 ・支払と契約責任者が分離されているかどうか確認を受けた。 ・会計責任者（支払い・保管）と経理責任者の分離（チェック体制）の確認。

〔3〕 質問・書類確認等のポイント　　71

会計・経理・庶務		・経理責任者を任命した任命書の提示を求められた。 ・助成金の決定から支給までの流れを説明。 ・表彰金について稟議書、預金通帳、伝票、領収書（移行後のものをすべて）。 ・書籍の入出荷と在庫管理について。 ・売上金の入金管理の手順について。 ・財務諸表について財産目録には使用目的等を記入するなど、詳細な指摘を受けた。 ・支部と支部会計について。 ・法人税申告書の提示と税額計算について求められた。
	残高・現物確認	・金融機関残高証明・保管証明と金融資産残高および通帳を突合確認した。 ・金融資産以外の主な固定資産を台帳で残高確認した。 ・手元現金の残高照合。 ・現金保管金庫の実査。 ・小切手帳の存在の有無の確認。 ・（美術館）収蔵庫を案内したが、特に台帳との照合はなかった。 ・有価証券の確認（株主名簿記載事項証明書による）。
	その他	・代表者印、銀行届出印などの保管規程、保管場所の確認。 ・印章使用簿の確認。 ・謝金の算出根拠（内部規程の提示）。 ・稟議・決裁文書の閲覧。 ・出向者給料の負担状況。 ・受発信文書の番号管理確認。

		・就業規則の有無の確認。
		・人事労務関係の規程を制定するよう指導された。
情報公開・契約書類等	書類整備	・法定の事務所備置き書類と決算書類の2週間前備置き等の確認
		・定款で事務所備置き書類を記載したほうがよいと指導された。
		・付属明細書の内容説明を求められた。
		・事業に係る決裁文書、チラシ等の確認。
		・規程集の提示を求められ、未整備のものの指摘があった。
	公告	・公告の方法として「主たる事務所の公衆の見やすい場所」としているが、実際の場所を確認した。
		・電子公告について指定機関による認定を得るよう指導された。
	定期提出書類	・決算試算表と定期提出書類の突合確認（検査官の作業）。
		・H表「対価収益」の内訳の説明を求められた。
		・滞納処分がないことを示す証明書類の不備を指摘された。
	契約書類	・正職員・契約職員の雇用契約書の確認。
		・会計監査人との契約書の閲覧、説明。
		・事務所賃貸借契約書の閲覧、説明。
		・業務委託契約の閲覧、説明。
		・リース契約の閲覧。

〔3〕 質問・書類確認等のポイント　73

お役立ち2
「(公財) 公益法人協会への立入検査の実例 」

2011 (平成 23) 年 2 月 22 日、(公財) 公益法人協会に、内閣府による公益認定法 27 条 1 項に基づく立入検査がありました。つづき第 2 回目が、2018 (平成 30) 年 4 月 25 日に行われました。この検査状況の内容は以下の通りです。

(公財) 公益法人協会のチェックポイントに該当する事業

公益目的事業 1
- 書籍の頒布
- web による情報提供
- シンポジウム
- 非営利組織との連携
- メディア対策
- インターンシップ

公益目的事業 2
- 相談
- セミナー
- 機関誌
- 共同サイト

公益目的事業 3
- 調査研究
- 専門委員会
- 提言

第1回目

1　日　時

　2011（平成23）年2月22日（火）、午前10時～午後4時30分　昼食時間1時間を除き約5時間半。

　前年12月初旬日程調整につき連絡があり、正式に1月21日付け内閣総理大臣及び公益認定等委員会委員長連名の書状の受領を経て本日の検査となったもの。

2　検査官

　公益認定等委員会事務局政策企画調査官　　　1名
　内閣府大臣官房公益法人行政担当室参事官補佐　2名

　　　　　　　　　　　　　　　　　　　　　　　　以上3名

　なお、入室時に法定の身分証明書の提示を求め検査官であることを確認した。

3　法人側立会者

　特に特定者につき事前の要請はなく、当協会が自主的に判断し以下の者が対応することとした。

　理事長以下常勤役員4名、監事3名、事務局職員2名。

　ただし、理事長と専務理事1名は最初の40分および講評時、監事3名は午後2時より講評時まで出席。

〔3〕　質問・書類確認等のポイント　　75

4 事前資料準備

　特定の資料の準備要請はなかったので、当協会側で判断し次の書類等を検査会場に揃えておき、検査状況に応じて必要書類を持ち込んだ。

① 公法協の案内パンフレット

② 定款・諸規程

③ 出版書籍・各種研究報告書

④ 法定の備え置き書類一式

⑤ 機関誌『公益法人』1年分

⑥ 認定書・登記関連書類

5 検査次第

（1）理事長説明

　検査官より、まず事業の状況等について説明を求められ、理事長が約40分にわたり説明した。内容としては、3つの公益目的事業単位ごとに、その構成事業も含め経営方針および現状を説明しさらに、その結果としての財務の状況についても概要を説明した。特に21年度（実績）において約900万円の黒字、および22年度も同額以上の黒字を計上できる見込みであるが、これは業務量の急増にもかかわらず、特に欠員である総務部長の採用を控えるなど、コスト削減に役職員が一丸となって対応した結果の収支差額であることを強調した。

（2）公益目的事業にかかわる公益性のチェックポイント

ついで検査官より定期提出書類の個別事業（事業の概要＝チェックポイント事業）の内容について順次説明を求められ、専務理事・事務局長が対応した。検査官の質問のポイントは次のようなものであった。

○新規の事業の追加、事業内容の変更の有無の確認が数度にわたりあった。

○事業目的が不特定多数の者の利益の増進に寄与するか、事業の案内方法、受講の機会が一般に公開されているか。

○事業結果は、アウトプットは何か、受益の機会の公開がどのような方法でなされているか。

○事業が、法令・定款・内部規程・稟議書に基づき実施されているか。

（3）事業、財務・会計、ガバナンスに関わる検査

その後、事業、財務・会計、ガバナンスの3部門に分かれ、26の質問・検査があったが、その内容は下記に記述している。

この過程で、21年度稟議書、役員会開催の起案文書、招集状、議事録等、総勘定元帳・補助簿、同会計伝票・証憑等、銀行残高証明書、固定資産台帳などを提示し説明した。

（4）内閣府の講評

　最後に午後4時過ぎから検査官による講評があった。

　○○参事官補佐（公法協窓口）より、"公益目的事業が定款・規程どおり行われているかなどを確認した結果、持ち帰って検討することはない旨の講評があった。

　○○参事官補佐（公認会計士）より、法人の規模として想像を超えるかなりの会計伝票（年7,000件）があるが、良く整理されて処理されていると思う。

　一部の会計伝票に経理責任者の印がないが、平成22年度はほぼ解決しており問題ではないが、大量事務処理について何か工夫を考えたらどうかとの助言があった。

公益法人協会の感想

　従来の主務官庁検査は民法法人の業務全般にわたる監督権の行使（改正前民法67条）であり、時には重箱の隅をつつく、あらを捜し出す、経営方針に口を出すなどが見られましたが、そのようなことは一切なく、

①　事業の適正な実施状況、

②　財務基準履行の基礎となる経理基盤、

③　法令・定款・諸規定に基づくガバナンス・コンプライアンス

の状況の3点に焦点を合わせ、明確な目的意識を持った適切な検査であったと考えます。改めて改正前民法67条2項の検査と公益認定法27条による検査の差異を実体験した次第です。

　巷間立入検査は前よりも厳しくなるのではないかなど不安を持たれる法人もあるようですが、着実に公益のために事業を進めている限り、そのような不安をもたれる必要はないと思います。

具体的な質問と答弁のやりとり一覧

No.	質問内容	公益法人協会の対応
1	賃借料の内訳が見たい。	内訳は、印刷機、家賃、コピー機、サーバ、IP電話であり、それぞれ金額を示した。
2	役員の就任承諾書と略歴を記載したものが欲しい。	役員就任承諾書と略歴表を示した。
3	従事割合は、予算作成時と決算時で変更している理由は。	予算作成時はシンポジウムの開催（公1）を予定していたが実際は行われなかった。年度中、セミナー事業が予定を上回ったため等々で、決算数字を正確に反映する従事割合を使った、と説明。
4	監事監査規程の各条項（第3条〜第11条）が実際に行なわれたかを同席監事及び法人側に確認。	問題なく対応。
5	法人会計の収支差額が約1,180万円、公益目的事業の収支差額は△20万円であり、なぜ法人会計が大きくプラスなのか。	法人の公益に対するベクトル、法人のミッション、今後の収益予想等々を説明。
6	寄附金収入があるが、寄附金規程によると、一般寄附金は50%以上を公益目的事業に使用する、とあるが実際の使用比率はどうなっているのか。	定期提出書類の正味財産増減計算書内訳表及び別表H（2）当該事業年度中の公益目的増減差額の明細で、公益目的事業に60%、法人会計に40%と記載されている。

80　3　立入検査のポイントと対策

7	備付け帳簿及び書類を確認したい。公法協は、一般法人法・公益認定法以外に定款で、「認定、許可、認可等及び登記に関する書類」を備置くとあるが。また、役員等の住所が記載されているが、これも一般に公開しているのか。	公益認定書（写し）、謄本（写し）を示す。役員等の住所が記載されているものは評議員等関係者用である。 →　一般と関係者と分けて保管したほうが良いと思う。
8	経理責任者と会計責任者（金銭の出納、保管）の分離はできているか。	経理規程第6条（経理責任者）は事務局長、第21条（会計責任者）は総務課長としている。
9	金銭の出納は、経理責任者の承認印のある会計伝票に基づいて行なわれなければなないと、経理規程22条にあるが、一部に経理責任者の印の無いものがあるが。	平成22年度の会計伝票では概ね改善されている実態を示した。
10	書籍の入出荷と在庫管理はどうなっているか。	書籍の受注（fax）、発送（郵送他）、毎月末の在庫確認（会計担当立会い）の実情を説明した。 →　「良く管理されている」と○○検査官
11	公1のweb事業は、自前でやっているのか委託でやっているのか。	基本的には自前で対応している。
12	公1の非営利組織との連携は具体的にどのようにやっているのか。	例えば、主要NPO法人の理事を引受けることで対応している。
13	インターンシップの結果はどう公表しているのか。	機関誌で本人の感想等を掲載している。

〔3〕　質問・書類確認等のポイント　**81**

14	相談事業、セミナー事業の周知はどのように行っているのか。	協会ホームページやメール通信などで案内している。
15	調査研究報告書や提言事業はどのような形でまとめたか。その公開方法や配布先はどこか。	機関誌、報告書の作成と対応方を説明。
16	専門委員会の構成は、また委員会の役割はどうなっているのか。	それぞれの構成・役割を説明。
17	機関誌の作成数、配布先、発送方法はどうなっているか。	通常 3,500 部であることなどを説明。
18	寄附金が約 30 万円あるが寄附の指定はあったのか。配賦比率は。	指定はありません。30 万円は平成 22 年度の予想額ですが、寄附規程による一般寄附金に該当するもので、50％以上を公益目的事業に配賦（実際は 60％）しています。
19	金銭出納は、現金の授受の伴う事業はあるのか。	書籍を法人事務所 7 階受付で購入する場合は現金の授受はある。しかし、目の届かないセミナー開催場所での現金購入は実施していない。別途、fax での注文形式としている。
20	理事会を招集する時の稟議書、手続文書は。	役員会等開催の起案書、招集状、議事録を確認、了解。
21	各種の起案に係る文書は。	平成 21 年度起案書の綴りを確認、了解。

22	謝金があるがその金額の根拠となる規程があるのか。	セミナー講師他の謝金はその都度稟議を起こし決裁している。金額は常識内の金額であり、研究会の場合は一人〜２万円程度の薄謝の範囲である。専門委員会の場合は、全てボランティア（無報酬）であり、交通費も委員負担である。了解。
23	平成22年3月末の資産の裏付けとなる書類はあるか。	残高証明書と固定資産台帳を確認、了解。
24	会計処理の流れについて説明して下さい。	当方会計担当より説明。
25	預金振込入金の消し込みの手順を説明して下さい。	当方会計担当より説明。
26	人件費や諸費用の配賦按分の方法を説明して下さい。	当方事務局長より説明（前記No.3に同じく）。

〔3〕 質問・書類確認等のポイント　83

第2回目

1 日 時

2018（平成30）年4月25日（水）、午前10時〜午後4時40分　昼食時間1時間を除き約5時間40分

2 検査官

内閣府大臣官房公益法人行政担当企画官　1名、
同参事官補佐2名、室員1名。
*いずれも公益認定等委員会事務局兼務　　　　　　　　以上4名

3 法人側立会者

理事長、副理事長、常務理事・事務局長、事務局次長、総務課長、経理職員が常時対応。午後から監事2名が参加。

4 検査の流れ

10：00〜10：20　理事長より平成28年度事業概要を説明。

10：20〜12：00　担当官から事業報告書をもとに個別の事業の内容について質問。

12：00〜13：00　昼食休憩

13：00〜16：00　午前中の保留事項を確認後、議事録、会計帳簿、会計帳票などのチェックに入り、疑問が出る都度質疑応答。

16：00 ～ 16：15　担当官のみ打合せ。法人側立会者はいっ
　　　　　　　　　　たん退室。

16：15 ～ 16：40　講評

5　主な質疑応答

　　質疑応答は多岐にわたったが、他の公益法人に共通すると思われるもののみを取り上げ、参考に供する（後掲別表 88～90 頁参照）。

（1）公益目的事業の実施状況について

①　認定を受けた後継目的事業が実施されているか、また事業変更や新しい事業を行っていないかどうか（別表の No.1・2）

②　公益目的事業について、一般に公開しているか（別表の No.3）

③　個別公益目的事業についてのガバナンス、収益等について（別表の No.4・5）

（2）機関運営・ガバナンス等について

①　役員等の兼職状況、欠格事由非該当の確認（別表の No.6・7）

②　代表理事・業務執行理事の業務執行報告（別表の No.8）

③　委員会の運営や結果の報告について（別表の No.9）

（3）監事について

　　監事宛には別表以外のものとして次の質疑と応答があった。

①　監事が理事会で執行部案について反対意見を述べたことはあるか。

　　→　決議の目的がはっきりしないと思った時、そのようにコメントしたことがあったが、通常は理事会の前に監事会がある

ので、そこで意見を述べている。

② 監事会で意見は述べられているか。

→ 監事会では、会計士の監事が会計について毎回かなり発言している。

(4) 財務の状況と報告について

① 損益計算書（正味財産増減計算書）及びその附属明細書について（別表の No.10）

② Ｈ表の作成方法について（別表の No.11）

(5) 現物の管理について

① 現金、印鑑の管理方法等（別表の No.12）

② 在庫の保管・管理状況（別表の No.13）

(6) ガバナンス（一般）について

① 規程類の整備状況（別表の No.14）

② 法改正による就業規則等の整備状況（別表の No.15）

③ 情報公開の方法等（別表の No.16）

6 内閣府の講評

① 帳簿や各種書類を見たが、特に問題はなかった。

② 28年度のＨ表については早急に修正をすること。

③ 団体保険の扱いについては、変更届もしくは変更認定申請を検討されたい（現在の定款を変更する必要があるか否かについては、法令班に確認する）。

公益法人協会の感想

1　立入検査の進め方は、一方的に検査を受けるというよりは、会話をしながら内容を確かめるというような感じであり、新公益法人制度における平成 20 年 11 月 21 日内閣府「監督の基本的考え方」の（2）「法人自治を大前提としつつ、民による公益の増進のため新公益法人が適切に対応できるよう支援する視点を持つ」にふさわしい検査であったと思われる。

2　また上記基本的考え方の（1）にある、「法令で明確に定められた要件に基づく監督を行うことを原則とする。」ことも貫かれていたと考える。巷間、他の公益法人における立入検査では、検査官が法律上根拠のない事項について質問したり指導したりし、最悪の場合は修正を求めたりする事例があると聞くが、当協会の今回の検査においては質問事項や指摘事項についての法律的根拠等を聞いた事例では、ただちにあるいは調査後速やかに回答があり、このような問題はなかった。

　　受検する側の質の問題もあると思われるが、同時に検査官においても、十分な知識の修得や訓練も必要とされるのではあるまいか。

3　指摘事項のうち事務的な事項については、もともと相当煩雑なものもあり、当協会も H 表をはじめいくつかの過誤をおかしているが、その簡素化やマニュアル化等によるさらなる周知徹底がこのような問題の発生防止につながると思われる。

（ここでの意見に渡る部分については、筆者の責任において行ったものです。）

別表（具体的な質問と答弁のやりとり一覧）

No.	質問・指導内容	公益法人協会の対応
1	役員賠償責任団体保険の位置付けはどう考えるか。契約書では、保険会社との契約者は公益法人協会となっていることで、変更認定申請もしくは変更届が必要と思うが。	ご指摘のように契約者であるが、定款上のその他の事業にあたると思われること、また、集金事務手数料も受け取っていないことから、行政上の手続は必要ないと考えていたが再考してみる。
2	東日本大震災草の根支援組織応援基金については、平成29年2月に国内連携で明記して変更届を提出されているが、その後の状況は如何か。その目論見書はホームページのどこで見られるか。	目論見書はホームページで公表しており、この募金は継続している。終了する場合には理事会決議をすることになっている。
3	東京都から委託を受けて説明会テキスト、パンフレットを作成しているが、なぜこれを公3の調査研究事業に入れたのか。	改正社福法の分析や厚労省の社福部会を傍聴するなど、調査活動を行っており、その成果物としてテキスト、パンフの作成を行い公表している。
4	相談室事業のガバナンスとして、相談員の回答の内容についてのチェック体制はどうなっているか。	相談室事務局から相談票を回覧し、すべての常勤役員がチェックしている。
5	相談に関わる収益の内訳は如何か。	相談室事業の収益は年20万円ほどであり、その他の金額は内閣府から受託している相談会の収益である。

6	役員等の兼職状況、欠格事由に該当しない確認書の提示を求める。	提示した。
7	役員の欠格事由に係る確認書のフォーマットにおける一般法人法65条の事項への言及の必要性（一持ち帰り検討の結果、65条は絶対必要なものではないと回答があった）。	当協会の書籍『Ｑ＆Ａ　公益法人・一般法人の運営・会計実務カレンダー』に載せた様式には一般法人法65条を入れたが現行使用のものには入っていない。
8	理事会での職務執行報告について「定期提出書類（事業報告）」別紙2の2(6)にその旨を記載して欲しい。また、議事録にも記載すること。	了解した。
9	常設の専門委員会があるがその内容について、28年度の開催状況、会議結果はどうしているか。	詳細を報告した。
10	定期提出書類の財務諸表に対する注記が添付もれしている。	今後は注意する。
11	別表Ｈ（2）の1（2）の寄附金2の欄の数字がおかしいので修正すること。	確認のうえ、対応することとした。
12	現金・印鑑の管理方法について、現場実地検証	実査した。
13	書籍の在庫の保管・管理はどうしているか。	外部に倉庫を借りている。小口は当協会9階保管庫で保管している。
14	規程にはどのようなものがあるか。講師謝金に関する規程はあるか。	諸規程一式を渡す。

〔3〕　質問・書類確認等のポイント　　**89**

15	今般の改正により就業規則を変更して、労基署に変更届を出しているか。	29年3月の理事会で労務関係規程を改定し届出書類も提出している。
16	公告は官報を使っているのか。	基本は官報であるが、貸借対照表の公告はホームページによっている。

4 検査対策の
実践的なノウハウ
──「おわりに」に代えて

検査対策の実践的な ノウハウ

　新制度における監督ならびに立入検査においては、何度も申し上げた通り公益法人の事業の適正な運営を確保するのに必要な限度において行われることになっており、これによって最終的には、公益法人が本来の公益目的事業をすることを助長し担保することになっています。このような正当で前向きなスタンスの監督や立入検査が行われるということは、それを受け入れる法人側においても基本的には歓迎ということができましょう。

　しかしながら、このような趣旨の監督や検査であっても、それを受ける法人からすると、自らが試されるということから、好むものでは必ずしもありません。他方では、社会的名誉や税制上の恩恵を受けた法人に対しては、このような監督や検査を行わない理由はない訳であり、それが必要とされる限りにおいては、事前に余裕をもって対策をしておくことが大切だと考えられます。

　以下においては、筆者が個人的に思っている日頃の検査対策を実践的なノウハウとしてメモ的に記しています。紙数の関係で片言隻句にとどまっていますが、日常の法人運営を法律や定款その他の決まり事や知恵にしたがって、しっかり運営することが、結果として検査対策になっていることをご賢察ください。

1 日常の業務処理をその都度 キチンとこなすこと

○新制度の業務や事務は、複雑かつ多岐にわたっている。

○後日まとめて一括処理しようとするとミスが発生する（イソップの兎と亀の話）。

○検査直前にバックデートで作成した書類等は発見されることが多い（夏休みの絵日記の例）。

2 業務遂行が法令等に合致して いるかを常に考えること

○行政庁は「法令で明確に定められた要件に基づく監督」をすることが原則である（事前規制から、事後規制へ）。

○業務の遂行にあたっては、法令に適合しているかを常に考える必要がある。

○疑問があれば、自分で法令等に当たるとともに、当局を含めた権威者に聞いて曖昧なままとしない（→リーガルマインドの必要性）。

3 現物については、 言い訳がきかないこと

○公益法人は社会的存在であり、その財産が失われることは許され

ない。

○「現金その場限り」であり、喪失した（使い込み・盗難・紛失等）場合、どんな理由があっても免責されない。

○性悪説に立つことも必要であり、ダブルチェックなど管理してもしすぎることはない。

4 ガバナンスは、 トップがその気になること

○ガバナンスは、まさにトップの仕事であり、トップ自らが進んで行う必要がある。

○トップにやる気がないと内部管理体制等の制度を事務局で作っても実効的なガバナンスはできない。

○トップが駄目なら、理事・監事や評議員・会員の助けを借りる。

5 細目にこだわらず、基本的な 事項をしっかり遵守すること

○公益法人は公益目的事業を行うことが基本であり、細かい検査対策のみを行ってばかりしていることは、本末転倒である。

○業務遂行にあたっては、法令に規定された基本的な事項を遵守することが重要である。

○実際の検査の事例でも細かい問題点を摘発し指導するということではなく、公益目的事業の遂行を支援する立場である。

参考資料
「行政庁の監督
（立入検査等）」
関連法令等

1. 公益認定法

（目的）
第1条 この法律は、内外の社会経済情勢の変化に伴い、民間の団体が自発的に行う公益を目的とする事業の実施が公益の増進のために重要となっていることにかんがみ、当該事業を適正に実施し得る公益法人を認定する制度を設けるとともに、公益法人による当該事業の適正な実施を確保するための措置等を定め、もって公益の増進及び活力ある社会の実現に資することを目的とする。

（定義）
第2条 この法律において、次の各号に掲げる用語の意義は、当該各号に定めるところによる。
一 公益社団法人 第4条の認定を受けた一般社団法人をいう。
二 公益財団法人 第4条の認定を受けた一般財団法人をいう。
三 公益法人 公益社団法人又は公益財団法人をいう。
四 公益目的事業 学術、技芸、慈善その他の公益に関する別表各号に掲げる種類の事業であって、不特定かつ多数の者の利益の増進に寄与するものをいう。

（行政庁）
第3条 この法律における行政庁は、次の各号に掲げる公益法人の区分に応じ、当該各号に定める内閣総理大臣又は都道府県知事とする。

一　次に掲げる公益法人　内閣総理大臣

　　イ　2以上の都道府県の区域内に事務所を設置するもの

　　ロ　公益目的事業を2以上の都道府県の区域内において行う旨を
　　　定款で定めるもの

　　ハ　国の事務又は事業と密接な関連を有する公益目的事業で
　　　あって政令で定めるものを行うもの

　二　前号に掲げる公益法人以外の公益法人　その事務所が所在する
　　都道府県の知事

（公益認定）

第4条　公益目的事業を行う一般社団法人又は一般財団法人は、行
　政庁の認定を受けることができる。

（公益認定の基準）

第5条　行政庁は、前条の認定（以下「公益認定」という。）の申請
　をした一般社団法人又は一般財団法人が次に掲げる基準に適合する
　と認めるときは、当該法人について公益認定をするものとする。

　一　公益目的事業を行うことを主たる目的とするものであること。

　二　公益目的事業を行うのに必要な経理的基礎及び技術的能力を有
　　するものであること。

　三　その事業を行うに当たり、社員、評議員、理事、監事、使用人
　　その他の政令で定める当該法人の関係者に対し特別の利益を与え
　　ないものであること。

四　その事業を行うに当たり、株式会社その他の営利事業を営む者又は特定の個人若しくは団体の利益を図る活動を行うものとして政令で定める者に対し、寄附その他の特別の利益を与える行為を行わないものであること。ただし、公益法人に対し、当該公益法人が行う公益目的事業のために寄附その他の特別の利益を与える行為を行う場合は、この限りでない。

五　投機的な取引、高利の融資その他の事業であって、公益法人の社会的信用を維持する上でふさわしくないものとして政令で定めるもの又は公の秩序若しくは善良の風俗を害するおそれのある事業を行わないものであること。

六　その行う公益目的事業について、当該公益目的事業に係る収入がその実施に要する適正な費用を償う額を超えないと見込まれるものであること。

七　公益目的事業以外の事業（以下「収益事業等」という。）を行う場合には、収益事業等を行うことによって公益目的事業の実施に支障を及ぼすおそれがないものであること。

八　その事業活動を行うに当たり、第15条に規定する公益目的事業比率が100分の50以上となると見込まれるものであること。

九　その事業活動を行うに当たり、第16条第2項に規定する遊休財産額が同条第1項の制限を超えないと見込まれるものであること。

十　各理事について、当該理事及びその配偶者又は3親等内の親族（これらの者に準ずるものとして当該理事と政令で定める特別の関係がある者を含む。）である理事の合計数が理事の総数の3分の1を超えないものであること。監事についても、同様とする。

参考資料「行政庁の監督（立入検査等）」関連法令等　**101**

十一　他の同一の団体（公益法人又はこれに準ずるものとして政令で定めるものを除く。）の理事又は使用人である者その他これに準ずる相互に密接な関係にあるものとして政令で定める者である理事の合計数が理事の総数の３分の１を超えないものであること。監事についても、同様とする。

十二　会計監査人を置いているものであること。ただし、毎事業年度における当該法人の収益の額、費用及び損失の額その他の政令で定める勘定の額がいずれも政令で定める基準に達しない場合は、この限りでない。

十三　その理事、監事及び評議員に対する報酬等（報酬、賞与その他の職務遂行の対価として受ける財産上の利益及び退職手当をいう。以下同じ。）について、内閣府令で定めるところにより、民間事業者の役員の報酬等及び従業員の給与、当該法人の経理の状況その他の事業を考慮して、不当に高額なものとならないような支給の基準を定めているものであること。

十四　一般社団法人にあっては、次のいずれにも該当するものであること。

　　イ　社員の資格の得喪に関して、当該法人の目的に照らし、不当に差別的な取扱いをする条件その他の不当な条件を付していないものであること。

　　ロ　社員総会において行使できる議決権の数、議決権を行使することができる事項、議決権の行使の条件その他の社員の議決権に関する定款の定めがある場合には、その定めが次のいずれにも該当するものであること。

　　　（1）社員の議決権に関して、当該法人の目的に照らし、不当に差別的な取扱いをしないものであること。

（2）社員の議決権に関して、社員が当該法人に対して提供した金銭その他の財産の価額に応じて異なる取扱いを行わないものであること。

ハ　理事会を置いているものであること。

十五　他の団体の意思決定に関与することができる株式その他の内閣府令で定める財産を保有していないものであること。ただし、当該財産の保有によって他の団体の事業活動を実質的に支配するおそれがない場合として政令で定める場合は、この限りでない。

十六　公益目的事業を行うために不可欠な特定の財産があるときは、その旨並びにその維持及び処分の制限について、必要な事項を定款で定めているものであること。

十七　第 29 条第 1 項若しくは第 2 項の規定による公益認定の取消しの処分を受けた場合又は合併により法人が消滅する場合（その権利義務を承継する法人が公益法人であるときを除く。）において、公益目的取得財産残額（第 30 条第 2 項に規定する公益目的取得財産残額をいう。）があるときは、これに相当する額の財産を当該公益認定の取消しの日又は当該合併の日から 1 箇月以内に類似の事業を目的とする他の公益法人若しくは次に掲げる法人又は国若しくは地方公共団体に贈与する旨を定款で定めているものであること。

イ　私立学校法（昭和 24 年法律第 270 号）第 3 条に規定する学校法人

ロ　社会福祉法（昭和 26 年法律第 45 号）第 22 条に規定する社会福祉法人

ハ　更生保護事業法（平成 7 年法律第 86 号）第 2 条第 6 項に規定する更生保護法人

ニ　独立行政法人通則法（平成 11 年法律第 103 号）第 2 条第 1
項に規定する独立行政法人

ホ　国立大学法人法（平成 15 年法律第 112 号）第 2 条第 1 項
に規定する国立大学法人又は同条第 3 項に規定する大学共同
利用機関法人

ヘ　地方独立行政法人法（平成 15 年法律第 118 号）第 2 条第 1
項に規定する地方独立行政法人

ト　その他イからヘまでに掲げる法人に準ずるものとして政令で
定める法人

十八　清算をする場合において残余財産を類似の事業を目的とする
他の公益法人若しくは前号イからトまでに掲げる法人又は国若し
くは地方公共団体に帰属させる旨を定款で定めているものである
こと。

（欠格事由）

第 6 条　前条の規定にかかわらず、次のいずれかに該当する一般社
団法人又は一般財団法人は、公益認定を受けることができない。

一　その理事、監事及び評議員のうちに、次のいずれかに該当する
者があるもの

イ　公益法人が第 29 条第 1 項又は第 2 項の規定により公益認定
を取り消された場合において、その取消しの原因となった事実
があった日以前 1 年内に当該公益法人の業務を行う理事であっ
た者でその取消しの日から 5 年を経過しないもの

ロ　この法律、一般社団法人及び一般財団法人に関する法律（平
　　　成 18 年法律第 48 号。以下「一般社団・財団法人法」という。）
　　　若しくは暴力団員による不当な行為の防止等に関する法律（平
　　　成 3 年法律第 77 号）の規定（同法第 32 条の 3 第 7 項及び第
　　　32 条の 11 第 1 項の規定を除く。）に違反したことにより、若
　　　しくは刑法（明治 40 年法律第 45 号）第 204 条、第 206 条、
　　　第 208 条、第 208 条の 2 第 1 項、第 222 条若しくは第 247
　　　条の罪若しくは暴力行為等処罰に関する法律（大正 15 年法律
　　　第 60 号）第 1 条、第 2 条若しくは第 3 条の罪を犯したこと
　　　により、又は国税若しくは地方税に関する法律中偽りその他不
　　　正の行為により国税若しくは地方税を免れ、納付せず、若しく
　　　はこれらの税の還付を受け、若しくはこれらの違反行為をしよ
　　　うとすることに関する罪を定めた規定に違反したことにより、
　　　罰金の刑に処せられ、その執行を終わり、又は執行を受けるこ
　　　とがなくなった日から 5 年を経過しない者
　ハ　禁錮以上の刑に処せられ、その刑の執行を終わり、又は刑の
　　　執行を受けることがなくなった日から 5 年を経過しない者
　ニ　暴力団員による不当な行為の防止等に関する法律第 2 条第 6
　　　号に規定する暴力団員（以下この号において「暴力団員」とい
　　　う。）又は暴力団員でなくなった日から 5 年を経過しない者（第
　　　6 号において「暴力団員等」という。）
二　第 29 条第 1 項又は第 2 項の規定により公益認定を取り消され、
　　その取消しの日から 5 年を経過しないもの
三　その定款又は事業計画書の内容が法令又は法令に基づく行政機
　　関の処分に違反しているもの

四　その事業を行うに当たり法令上必要となる行政機関の許認可等
　　（行政手続法（平成5年法律第88号）第2条第3号に規定する
　　許認可等をいう。以下同じ。）を受けることができないもの

　五　国税又は地方税の滞納処分の執行がされているもの又は当該滞
　　納処分の終了の日から3年を経過しないもの

　六　暴力団員等がその事業活動を支配するもの

（変更の認定）

第11条　公益法人は、次に掲げる変更をしようとするときは、行政
　庁の認定を受けなければならない。ただし、内閣府令で定める軽微
　な変更については、この限りでない。

　一　公益目的事業を行う都道府県の区域（定款で定めるものに限
　　る。）又は主たる事務所若しくは従たる事務所の所在場所の変更
　　（従たる事務所の新設又は廃止を含む。）

　二　公益目的事業の種類又は内容の変更

　三　収益事業等の内容の変更

2　前項の変更の認定を受けようとする公益法人は、内閣府令で定め
　るところにより、変更に係る事項を記載した申請書を行政庁に提出
　しなければならない。

3　前項の申請書には、内閣府令で定める書類を添付しなければなら
　ない。

4　第5条及び第6条（第2号を除く。）の規定は第1項各号に掲げ
　る変更の認定について、第8条第1号（吸収合併に伴い当該変更
　の認定をする場合にあっては、同条各号）の規定は同項第2号及
　び第3号に掲げる変更の認定について、前条の規定は同項の変更
　の認定をしたときについて、それぞれ準用する。

第 12 条　行政庁の変更を伴う変更の認定に係る前条第 2 項の申請書は、変更前の行政庁を経由して変更後の行政庁に提出しなければならない。

2　前項の場合において、当該変更の認定をしたときは、変更後の行政庁は、内閣府令で定めるところにより、遅滞なく、変更前の行政庁から事務の引継ぎを受けなければならない。

（変更の届出）

第 13 条　公益法人は、次に掲げる変更（合併に伴うものを除く。）があったときは、内閣府令で定めるところにより、遅滞なく、その旨を行政庁に届け出なければならない。

　一　名称又は代表者の氏名の変更

　二　第 11 条第 1 項ただし書の内閣府令で定める軽微な変更

　三　定款の変更（第 11 条第 1 項各号に掲げる変更及び前 2 号に掲げる変更に係るものを除く。）

　四　前 3 号に掲げるもののほか、内閣府令で定める事項の変更

2　行政庁は、前項第 1 号に掲げる変更について同項の規定による届出があったときは、内閣府令で定めるところにより、その旨を公示しなければならない。

（公益目的事業の収入）

第 14 条　公益法人は、その公益目的事業を行うに当たり、当該公益目的事業の実施に要する適正な費用を償う額を超える収入を得てはならない。

（公益目的事業比率）

第 15 条 公益法人は、毎事業年度における公益目的事業比率（第 1 号に掲げる額の同号から第 3 号までに掲げる額の合計額に対する割合をいう。）が 100 分の 50 以上となるように公益目的事業を行わなければならない。

　一　公益目的事業の実施に係る費用の額として内閣府令で定めるところにより算定される額

　二　収益事業等の実施に係る費用の額として内閣府令で定めるところにより算定される額

　三　当該公益法人の運営に必要な経常的経費の額として内閣府令で定めるところにより算定される額

（遊休財産額の保有の制限）

第 16 条 公益法人の毎事業年度の末日における遊休財産額は、公益法人が当該事業年度に行った公益目的事業と同一の内容及び規模の公益目的事業を翌事業年度においても引き続き行うために必要な額として、当該事業年度における公益目的事業の実施に要した費用の額（その保有する資産の状況及び事業活動の態様に応じ当該費用の額に準ずるものとして内閣府令で定めるものの額を含む。）を基礎として内閣府令で定めるところにより算定した額を超えてはならない。

2　前項に規定する「遊休財産額」とは、公益法人による財産の使用若しくは管理の状況又は当該財産の性質にかんがみ、公益目的事業又は公益目的事業を行うために必要な収益事業等その他の業務若しくは活動のために現に使用されておらず、かつ、引き続きこれらのために使用されることが見込まれない財産として内閣府令で定めるものの価額の合計額をいう。

（寄附の募集に関する禁止行為）

第17条 公益法人の理事若しくは監事又は代理人、使用人その他の従業者は、寄附の募集に関して、次に掲げる行為をしてはならない。

　一　寄附の勧誘又は要求を受け、寄附をしない旨の意思を表示した者に対し、寄附の勧誘又は要求を継続すること。

　二　粗野若しくは乱暴な言動を交えて、又は迷惑を覚えさせるような方法で、寄附の勧誘又は要求をすること。

　三　寄附をする財産の使途について誤認させるおそれのある行為をすること。

　四　前3号に掲げるもののほか、寄附の勧誘若しくは要求を受けた者又は寄附者の利益を不当に害するおそれのある行為をすること。

（収益事業等の区分経理）

第19条 収益事業等に関する会計は、公益目的事業に関する会計から区分し、各収益事業等ごとに特別の会計として経理しなければならない。

（報酬等）

第20条 公益法人は、第5条第13号に規定する報酬等の支給の基準に従って、その理事、監事及び評議員に対する報酬等を支給しなければならない。

2　公益法人は、前項の報酬等の支給の基準を公表しなければならない。これを変更したときも、同様とする。

（財産目録の備置き及び閲覧等）

第21条 公益法人は、毎事業年度開始の日の前日までに（公益認定を受けた日の属する事業年度にあっては、当該公益認定を受けた後遅滞なく）、内閣府令で定めるところにより、当該事業年度の事業計画書、収支予算書その他の内閣府令で定める書類を作成し、当該事業年度の末日までの間、当該書類をその主たる事務所に、その写しをその従たる事務所に備え置かなければならない。

2　公益法人は、毎事業年度経過後3箇月以内に（公益認定を受けた日の属する事業年度にあっては、当該公益認定を受けた後遅滞なく）、内閣府令で定めるところにより、次に掲げる書類を作成し、当該書類を5年間その主たる事務所に、その写しを3年間その従たる事務所に備え置かなければならない。

一　財産目録

二　役員等名簿（理事、監事及び評議員の氏名及び住所を記載した名簿をいう。以下同じ。）

三　第5条第13号に規定する報酬等の支給の基準を記載した書類

四　前3号に掲げるもののほか、内閣府令で定める書類

3　第1項に規定する書類及び前項各号に掲げる書類は、電磁的記録（電子的方式、磁気的方式その他人の知覚によっては認識することができない方式で作られる記録であって、電子計算機による情報処理の用に供されるものとして内閣府令で定めるものをいう。以下同じ。）をもって作成することができる。

4　何人も、公益法人の業務時間内は、いつでも、第1項に規定する書類、第2項各号に掲げる書類、定款、社員名簿及び一般社団・財団法人法第129条第1項（一般社団・財団法人法第199条において準用する場合を含む。）に規定する計算書類等（以下「財産目録等」という。）について、次に掲げる請求をすることができる。この場合においては、当該公益法人は、正当な理由がないのにこれを拒んではならない。

一　財産目録等が書面をもって作成されているときは、当該書面又は当該書面の写しの閲覧の請求

二　財産目録等が電磁的記録をもって作成されているときは、当該電磁的記録に記録された事項を内閣府令で定める方法により表示したものの閲覧の請求

5　前項の規定にかかわらず、公益法人は、役員等名簿又は社員名簿について当該公益法人の社員又は評議員以外の者から同項の請求があった場合には、これらに記載され又は記録された事項中、個人の住所に係る記載又は記録の部分を除外して、同項の閲覧をさせることができる。

6　財産目録等が電磁的記録をもって作成されている場合であって、その従たる事務所における第4項第2号に掲げる請求に応じることを可能とするための措置として内閣府令で定めるものをとっている公益法人についての第1項及び第2項の規定の適用については、第1項中「その主たる事務所に、その写しをその従たる事務所」とあるのは「その主たる事務所」と、第2項中「その主たる事務所に、その写しを3年間その従たる事務所」とあるのは「その主たる事務所」とする。

（財産目録等の提出及び公開）

第22条 公益法人は、毎事業年度の経過後3箇月以内（前条第1項に規定する書類については、毎事業年度開始の日の前日まで）に、内閣府令で定めるところにより、財産目録等（定款を除く。）を行政庁に提出しなければならない。

2 行政庁は、公益法人から提出を受けた財産目録等について閲覧又は謄写の請求があった場合には、内閣府令で定めるところにより、その閲覧又は謄写をさせなければならない。

3 前項の規定にかかわらず、行政庁は、役員等名簿又は社員名簿について同項の請求があった場合には、これらに記載された事項中、個人の住所に係る記載の部分を除外して、その閲覧又は謄写をさせるものとする。

（報告及び検査）

第27条 行政庁は、公益法人の事業の適正な運営を確保するために必要な限度において、内閣府令で定めるところにより、公益法人に対し、その運営組織及び事業活動の状況に関し必要な報告を求め、又はその職員に、当該公益法人の事務所に立ち入り、その運営組織及び事業活動の状況若しくは帳簿、書類その他の物件を検査させ、若しくは関係者に質問させることができる。

2 前項の規定による立入検査をする職員は、その身分を示す証明書を携帯し、関係者の請求があったときは、これを提示しなければならない。

3 第1項の規定による立入検査の権限は、犯罪捜査のために認められたものと解してはならない。

（勧告、命令等）

第28条 　行政庁は、公益法人について、次条第2項各号のいずれか
に該当すると疑うに足りる相当な理由がある場合には、当該公益法
人に対し、期限を定めて、必要な措置をとるべき旨の勧告をするこ
とができる。

2 　行政庁は、前項の勧告をしたときは、内閣府令で定めるところに
より、その勧告の内容を公表しなければならない。

3 　行政庁は、第1項の勧告を受けた公益法人が、正当な理由がなく、
その勧告に係る措置をとらなかったときは、当該公益法人に対し、
その勧告に係る措置をとるべきことを命ずることができる。

4 　行政庁は、前項の規定による命令をしたときは、内閣府令で定め
るところにより、その旨を公示しなければならない。

5 　行政庁は、第1項の勧告及び第3項の規定による命令をしようと
するときは、次の各号に掲げる事由の区分に応じ、当該事由の有無
について、当該各号に定める者の意見を聴くことができる。

　一 　第5条第一号、第二号若しくは第五号、第6条第三号若しくは
第四号又は次条第2項第三号に規定する事由（事業を行うに当た
り法令上許認可等行政機関の許認可等を必要とする場合に限
る。）許認可等行政機関

　二 　第6条第一号ニ又は第六号に規定する事由　警察庁長官等

　三 　第6条第五号に規定する事由　国税庁長官等

（公益認定の取消し）

第29条 　行政庁は、公益法人が次のいずれかに該当するときは、そ
の公益認定を取り消さなければならない。

一　第6条各号（第二号を除く。）のいずれかに該当するに至った
とき。

二　偽りその他不正の手段により公益認定、第11条第1項の変更
の認定又は第25条第1項の認可を受けたとき。

三　正当な理由がなく、前条第3項の規定による命令に従わないと
き。

四　公益法人から公益認定の取消しの申請があったとき。

2　行政庁は、公益法人が次のいずれかに該当するときは、その公益
認定を取り消すことができる。

一　第5条各号に掲げる基準のいずれかに適合しなくなったとき。

二　前節の規定を遵守していないとき。

三　前二号のほか、法令又は法令に基づく行政機関の処分に違反し
たとき。

3　前条第5項の規定は、前2項の規定による公益認定の取消しをし
ようとする場合について準用する。

4　行政庁は、第1項又は第2項の規定により公益認定を取り消した
ときは、内閣府令で定めるところにより、その旨を公示しなければ
ならない。

5　第1項又は第2項の規定による公益認定の取消しの処分を受けた
公益法人は、その名称中の公益社団法人又は公益財団法人という文
字をそれぞれ一般社団法人又は一般財団法人と変更する定款の変更
をしたものとみなす。

6　行政庁は、第1項又は第2項の規定による公益認定の取消しをし
たときは、遅滞なく、当該公益法人の主たる事務所及び従たる事務
所の所在地を管轄する登記所に当該公益法人の名称の変更の登記を
嘱託しなければならない。

7　前項の規定による名称の変更の登記の嘱託書には、当該登記の原
因となる事由に係る処分を行ったことを証する書面を添付しなけれ
ばならない。

2. 一般法人法

（理事会の権限等）

第90条　理事会は、すべての理事で組織する。

2　理事会は、次に掲げる職務を行う。

　一　理事会設置一般社団法人の業務執行の決定

　二　理事の職務の執行の監督

　三　代表理事の選定及び解職

3　理事会は、理事の中から代表理事を選定しなければならない。

4　理事会は、次に掲げる事項その他の重要な業務執行の決定を理事
　に委任することができない。

　一　重要な財産の処分及び譲受け

　二　多額の借財

　三　重要な使用人の選任及び解任

　四　従たる事務所その他の重要な組織の設置、変更及び廃止

　五　理事の職務の執行が法令及び定款に適合することを確保するた
　　めの体制その他一般社団法人の業務の適正を確保するために必要
　　なものとして法務省令で定める体制の整備

　六　第114条第1項の規定による定款の定めに基づく第111条第
　　1項の責任の免除

5　大規模一般社団法人である理事会設置一般社団法人においては、
　理事会は、前項第5号に掲げる事項を決定しなければならない。

3．一般法人法施行規則

（社員総会の議事録）

第 11 条　第 57 条第 1 項の規定による社員総会の議事録の作成については、この条の定めるところによる。

2　社員総会の議事録は、書面又は電磁的記録（法第 10 条第 2 項に規定する電磁的記録をいう。第 6 章第 4 節第 2 款を除き、以下同じ。）をもって作成しなければならない。

3　社員総会の議事録は、次に掲げる事項を内容とするものでなければならない。

一　社員総会が開催された日時及び場所(当該場所に存しない理事、監事、会計監査人又は社員が社員総会に出席した場合における当該出席の方法を含む。)

二　社員総会の議事の経過の要領及びその結果

三　次に掲げる規定により社員総会において述べられた意見又は発言があるときは、その意見又は発言の内容の概要

　イ　法第 74 条第 1 項（同条第 4 項において準用する場合を含む。）

　ロ　法第 74 条第 2 項（同条第 4 項において準用する場合を含む。）

　ハ　法第 102 条

　ニ　法第 105 条第 3 項

　ホ　法第 109 条第 1 項

　ヘ　法第 109 条第 2 項

四　社員総会に出席した理事、監事又は会計監査人の氏名又は名称

五　社員総会の議長が存するときは、議長の氏名

参考資料「行政庁の監督（立入検査等）」関連法令等

六 議事録の作成に係る職務を行った者の氏名

4 次の各号に掲げる場合には、社員総会の議事録は、当該各号に定める事項を内容とするものとする。

一 法第58条第1項 の規定により社員総会の決議があったものとみなされた場合 次に掲げる事項

イ 社員総会の決議があったものとみなされた事項の内容

ロ イの事項の提案をした者の氏名又は名称

ハ 社員総会の決議があったものとみなされた日

ニ 議事録の作成に係る職務を行った者の氏名

二 法第59条 の規定により社員総会への報告があったものとみなされた場合 次に掲げる事項

イ 社員総会への報告があったものとみなされた事項の内容

ロ 社員総会への報告があったものとみなされた日

ハ 議事録の作成に係る職務を行った者の氏名

(理事会設置一般社団法人の業務の適正を確保するための体制)

第14条 法第90条第4項第5号に規定する法務省令で定める体制は、次に掲げる体制とする。

一 理事の職務の執行に係る情報の保存及び管理に関する体制

二 損失の危険の管理に関する規程その他の体制

三 理事の職務の執行が効率的に行われることを確保するための体制

四 使用人の職務の執行が法令及び定款に適合することを確保するための体制

五 監事がその職務を補助すべき使用人を置くことを求めた場合における当該使用人に関する事項

六　前号の使用人の理事から独立性に関する事項

七　監事の第5号の使用人に対する指示の実効性の確保に関する事項

八　理事及び使用人が監事に報告をするための体制その他の監事への報告に関する体制

九　前号の報告をした者が当該報告をしたことを理由として不利な取扱いを受けないことを確保するための体制

十　監事の職務の執行について生ずる費用の前払又は償還の手続その他の当該職務の執行について生ずる費用又は債務の処理に係る方針に関する事項

十一　その他監事の監査が実効的に行われることを確保するための体制

（理事会の議事録）

第15条　法第95条第3項の規定による理事会の議事録の作成については、この条の定めるところによる。

2　理事会の議事録は、書面又は電磁的記録をもって作成しなければならない。

3　理事会の議事録は、次に掲げる事項を内容とするものでなければならない。

一　理事会が開催された日時及び場所（当該場所に存しない理事、監事又は会計監査人が理事会に出席した場合における当該出席の方法を含む。）

二　理事会が次に掲げるいずれかのものに該当するときは、その旨

　　イ　法第 93 条第 2 項の規定による理事の請求を受けて招集され
　　　たもの

　　ロ　法第 93 条第 3 項の規定により理事が招集したもの

　　ハ　法第 101 条第 2 項の規定による監事の請求を受けて招集さ
　　　れたもの

　　ニ　法第 101 条第 3 項の規定により監事が招集したもの

三　理事会の議事の経過の要領及びその結果

四　決議を要する事項について特別の利害関係を有する理事がある
　　ときは、当該理事の氏名

五　次に掲げる規定により理事会において述べられた意見又は発言
　　があるときは、その意見又は発言の内容の概要

　　イ　法第 92 条第 2 項

　　ロ　法第 100 条

　　ハ　法第 101 条第 1 項

六　法第 95 条第 3 項の定款の定めがあるときは、代表理事（法第
　　21 条第 1 項に規定する代表理事をいう。第 19 条第二号ロにお
　　いて同じ。）以外の理事であって、理事会に出席したものの氏名

七　理事会に出席した会計監査人の氏名又は名称

八　理事会の議長が存するときは、議長の氏名

4　次の各号に掲げる場合には、理事会の議事録は、当該各号に定め
　る事項を内容とするものとする。

　一　法第 96 条の規定により理事会の決議があったものとみなされ
　　　た場合　次に掲げる事項

イ　理事会の決議があったものとみなされた事項の内容

　　ロ　イの事項の提案をした理事の氏名

　　ハ　理事会の決議があったものとみなされた日

　　ニ　議事録の作成に係る職務を行った理事の氏名

　二　法第98条第1項の規定により理事会への報告を要しないものとされた場合　次に掲げる事項

　　イ　理事会への報告を要しないものとされた事項の内容

　　ロ　理事会への報告を要しないものとされた日

　　ハ　議事録の作成に係る職務を行った理事の氏名

（監査報告の内容）

第36条　監事（会計監査人設置一般社団法人（法第15条第2項第二号に規定する会計監査人設置一般社団法人をいう。以下この節において同じ。）の監事を除く。以下この目において同じ。）は、計算関係書類を受領したときは、次に掲げる事項を内容とする監査報告を作成しなければならない。

　一　監事の監査の方法及びその内容

　二　計算関係書類が当該一般社団法人の財産及び損益の状況をすべての重要な点において適正に表示しているかどうかについての意見

　三　監査のため必要な調査ができなかったときは、その旨及びその理由

　四　追記情報

　五　監査報告を作成した日

参考資料「行政庁の監督（立入検査等）」関連法令等　　**121**

2　前項第四号に規定する「追記情報」とは、次に掲げる事項その他の事項のうち、監事の判断に関して説明を付す必要がある事項又は計算関係書類の内容のうち強調する必要がある事項とする。

一　正当な理由による会計方針の変更

二　重要な偶発事象

三　重要な後発事象

（監査報告の内容）

第45条　監事は、事業報告及びその附属明細書を受領したときは、次に掲げる事項を内容とする監査報告を作成しなければならない。

一　監事の監査の方法及びその内容

二　事業報告及びその附属明細書が法令又は定款に従い当該一般社団法人の状況を正しく示しているかどうかについての意見

三　当該一般社団法人の理事の職務の遂行に関し、不正の行為又は法令若しくは定款に違反する重大な事実があったときは、その事実

四　監査のため必要な調査ができなかったときは、その旨及びその理由

五　第34条第2項第二号に掲げる事項（監査の範囲に属さないものを除く。）がある場合において、当該事項の内容が相当でないと認めるときは、その旨及びその理由

六　監査報告を作成した日

（評議員会の議事録）

第60条 法第193条第1項の規定による評議員会の議事録の作成については、この条の定めるところによる。

2 評議員会の議事録は、書面又は電磁的記録をもって作成しなければならない。

3 評議員会の議事録は、次に掲げる事項を内容とするものでなければならない。

　一 評議員会が開催された日時及び場所(当該場所に存しない理事、監事、会計監査人又は評議員が評議員会に出席した場合における当該出席の方法を含む。)

　二 評議員会の議事の経過の要領及びその結果

　三 決議を要する事項について特別の利害関係を有する評議員があるときは、当該評議員の氏名

　四 次に掲げる規定により評議員会において述べられた意見又は発言があるときは、その意見又は発言の内容の概要

　　イ 法第177条において準用する法第74条第1項（法第177条において準用する法第74条第4項において準用する場合を含む。)

　　ロ 法第177条において準用する法第74条第2項（法第177条において準用する法第74条第4項において準用する場合を含む。)

　　ハ 法第197条において準用する法第102条

　　ニ 法第197条において準用する法第105条第3項

　　ホ 法第197条において準用する法第109条第1項

　　ヘ 法第197条において準用する法第109条第2項

参考資料「行政庁の監督（立入検査等）」関連法令等　　**123**

五　評議員会に出席した評議員、理事、監事又は会計監査人の氏名
　　　又は名称

　　六　評議員会の議長が存するときは、議長の氏名

　　七　議事録の作成に係る職務を行った者の氏名

　4　次の各号に掲げる場合には、評議員会の議事録は、当該各号に定
　　める事項を内容とするものとする。

　　一　法第194条第1項の規定により評議員会の決議があったもの
　　　とみなされた場合次に掲げる事項

　　　イ　評議員会の決議があったものとみなされた事項の内容

　　　ロ　イの事項の提案をした者の氏名

　　　ハ　評議員会の決議があったものとみなされた日

　　　ニ　議事録の作成に係る職務を行った者の氏名

　　二　法第195条の規定により評議員会への報告があったものとみ
　　　なされた場合　次に掲げる事項

　　　イ　評議員会への報告があったものとみなされた事項の内容

　　　ロ　評議員会への報告があったものとみなされた日

　　　ハ　議事録の作成に係る職務を行った者の氏名

４．整備法

（公益目的支出計画の変更の認可等）

第125条　移行法人は、公益目的支出計画の変更（内閣府令で定める軽微な変更を除く。）をしようとするときは、内閣府令で定めるところにより、認可行政庁の認可を受けなければならない。

２　第117条（第二号に係る部分に限る。）の規定は、前項の変更の認可について準用する。

３　移行法人は、次に掲げる場合には、内閣府令で定めるところにより、遅滞なく、その旨を認可行政庁に届け出なければならない。

　一　名称若しくは住所又は代表者の氏名を変更したとき。

　二　公益目的支出計画について第１項の内閣府令で定める軽微な変更をしたとき。

　三　定款で残余財産の帰属に関する事項を定めたとき又はこれを変更したとき。

　四　定款で移行法人の存続期間若しくは解散の事由を定めたとき又はこれらを変更したとき。

　五　解散（合併による解散を除く。）をしたとき。

（公益目的支出計画実施報告書の作成及び提出等）

第127条　移行法人は、各事業年度ごとに、内閣府令で定めるところにより、公益目的支出計画の実施の状況を明らかにする書類（以下この節において「公益目的支出計画実施報告書」という。）を作成しなければならない。

2 一般社団・財団法人法第 123 条第 3 項及び第 4 項、第 124 条第 1 項及び第 3 項、第 125 条並びに第 126 条第 1 項及び第 3 項（これらの規定を一般社団・財団法人法第 199 条において準用する場合を含む。）の規定は、移行法人の公益目的支出計画実施報告書について準用する。この場合において、一般社団・財団法人法第 124 条第 1 項及び第 125 条中「法務省令」とあるのは、「内閣府令」と読み替えるものとする。

3 移行法人は、毎事業年度の経過後 3 箇月以内に、当該事業年度の一般社団・財団法人法第 129 条第 1 項（一般社団・財団法人法第 199 条において準用する場合を含む。）に規定する計算書類等及び公益目的支出計画実施報告書を認可行政庁に提出しなければならない。

4 認可行政庁は、移行法人から提出を受けた公益目的支出計画実施報告書について閲覧又は謄写の請求があった場合には、内閣府令で定めるところにより、その閲覧又は謄写をさせなければならない。

5 移行法人は、次の各号に掲げる移行法人の区分に応じ、公益目的支出計画実施報告書を、当該各号に定める日から 5 年間、その主たる事務所に備え置かなければならない。

一 一般社団法人である移行法人 定時社員総会の日の 1 週間（理事会を置く移行法人にあっては、2 週間）前の日（一般社団・財団法人法第 58 条第 1 項の場合にあっては、同項の提案があった日）

二 一般財団法人である移行法人 定時評議員会の日の 2 週間前の日（一般社団・財団法人法第 194 条第 1 項の場合にあっては、同項の提案があった日）

6 何人も、移行法人の業務時間内は、いつでも、公益目的支出計画
実施報告書について、次に掲げる請求をすることができる。この場
合においては、当該移行法人は、正当な理由がないのにこれを拒ん
ではならない。

一 公益目的支出計画実施報告書が書面をもって作成されているとき
は、当該書面又は当該書面の写しの閲覧の請求

二 公益目的支出計画実施報告書が電磁的記録をもって作成されてい
るときは、当該電磁的記録に記録された事項を内閣府令で定める方
法により表示したものの閲覧の請求

（報告及び検査）

第128条 認可行政庁は、移行法人が次のいずれかに該当すると疑
うに足りる相当な理由があるときは、この款の規定の施行に必要な
限度において、移行法人に対し、その業務若しくは財産の状況に関
し報告を求め、又はその職員に、当該移行法人の事務所に立ち入り、
その業務若しくは財産の状況若しくは帳簿、書類その他の物件を検
査させ、若しくは関係者に質問させることができる。

一 正当な理由がなく、第119条第2項第一号の支出をしないこと。

二 各事業年度ごとの第119条第2項第一号の支出が、公益目的支
出計画に定めた支出に比して著しく少ないこと。

三 公益目的財産残額に比して当該移行法人の貸借対照表上の純資産
額が著しく少ないにもかかわらず、第125条第1項の変更の認可
を受けず、将来における公益目的支出計画の実施に支障が生ずるお
それがあること。

2　前項の規定による立入検査をする職員は、その身分を示す証明書を携帯し、関係者の請求があったときは、これを提示しなければならない。

3　第1項の規定による立入検査の権限は、犯罪捜査のために認められたものと解してはならない。

（勧告及び命令）

第129条　認可行政庁は、移行法人が前条第1項各号のいずれかに該当すると認めるときは、当該移行法人に対し、期限を定めて、必要な措置をとるべき旨の勧告をすることができる。

2　認可行政庁は、前項の勧告を受けた移行法人が、正当な理由がなく、その勧告に係る措置をとらなかったときは、当該移行法人に対し、その勧告に係る措置をとるべきことを命ずることができる。

（罰則）

第144条　次のいずれかに該当する者は、6月以下の懲役又は50万円以下の罰金に処する。

一　偽りその他不正の手段により第44条の認定、第45条の認可又は第125条第1項の変更の認可を受けた者

二　第129条第2項の規定による命令に違反した者

第147条　法人の代表者又は法人若しくは人の代理人、使用人その他の従業者が、その法人又は人の業務に関し、前3条の違反行為をしたときは、行為者を罰するほか、その法人又は人に対しても、各本条の罰金刑を科する。

第149条 移行法人の理事、監事又は清算人は、次のいずれかに該当する場合には、100万円以下の過料に処する。

一　第127条第1項の規定に違反して、公益目的支出計画実施報告書に記載し、若しくは記録すべき事項を記載せず、若しくは記録せず、又は虚偽の記載若しくは記録をしたとき。

二　第127条第5項の規定に違反して、公益目的支出計画実施報告書を備え置かなかったとき。

三　正当な理由がないのに、第127条第6項各号に掲げる請求を拒んだとき。

(参考) 公益法人のガバナンス・情報開示と監督の概要

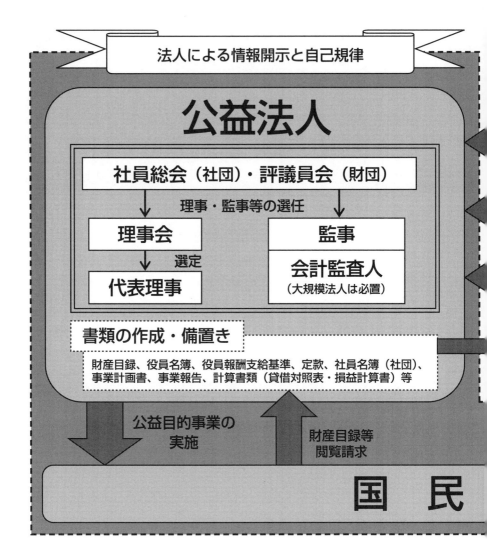

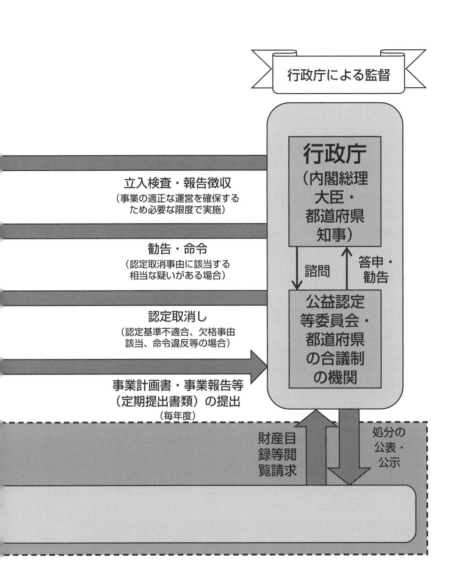

※出典：内閣府資料「公益法人の各機関の役割と責任」

（参考）公益認定取消しになる場合

(1) 必ず認定取消しになる場合 (29条1項)

①欠格事由 (6条) に該当するに至ったとき

欠格事由の例：
- 理事、監事、評議員のうちに禁錮以上の刑（認定法違反等の場合は罰金刑も含む）に処せられた者がいる（1号ロ、ハ）
- 定款や事業計画書の内容が法令や法令に基づく行政機関の処分に違反している（3号）
- 事業を行うに当たり法令上必要な行政機関の許認可等を受けることができない（4号）
- 国税、地方税の滞納処分が執行されている（5号）
- 暴力団員等が事業活動を支配している（6号）

②偽りその他不正の手段により公益認定、変更認定等を受けたとき

③正当な理由なく、行政庁の命令 (28条3項) に従わないとき

④法人から公益認定取消しの申請があったとき

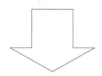

認定取消し

（注）本ページ内のカッコ書きで示した条番号は、いずれも公益認定法の

(2) 認定取消しになりうる場合 (29条2項)

①**認定基準**(5条1号～18号)のいずれかに**適合しなくなったとき**
②認定法14条～26条の**規定を遵守していない**とき

遵守すべき規定の例：
・収支相償（14条）
・公益目的事業比率（15条）
・遊休財産規制（16条）
・寄附の募集に関する禁止行為（17条）
・公益目的事業財産の使用、処分（18条）
・収益事業等の区分経理（19条）
・役員報酬等の支給（20条）
・財産目録等の備置き、閲覧（21条）
・事業計画書、事業報告等の提出（22条）

③上記のほか、**法令又は法令に基づく行政機関の処分に違反**したとき

一般法人法違反も含まれます！

基本的には、直ちに認定取消しということはなく、まずは法人に対し是正を求めていくこととなる
（必要に応じ、勧告・命令→従わない場合は（1）③へ）

条項を指します。

※出典：内閣府資料「公益法人の各機関の役割と責任」

付　録
「行政庁の立入検査に
関する資料等」

〔付録1. 大阪府資料〕

立入検査における主な指摘事項　　(H30.5.17改定)

　大阪府がこれまで実施してきた公益法人への立入検査において指摘した事項について、主なものを掲載しますので、今後の法人運営に当たって御留意いただき、適切に取り扱ってください。

【凡例】

○　認定法　…　公益社団法人及び公益財団法人の認定等に関する法律（平成18年法律第49号）

○　認定法施行規則　…　公益社団法人及び公益財団法人の認定等に関する法律施行規則（平成19年内閣府令第68号）

○　一般法人法　…　一般社団法人及び一般財団法人に関する法律（平成18年法律第48号）

○　一般法人法施行規則　…　一般社団法人法及び一般財団法人に関する法律施行規則（平成19年法務省令第28号）

【運営面】

1.　計算書類等の法令で定められた書類が、法人の事務所に適切に備え置かれておらず、閲覧できる状態になっていない

　公益法人は、認定法等で定められた書類（※）を法人の事務所に備え置かなければなりません。備え置かなかった場合、罰金や過料の対象とされていますので、御留意ください。

　なお、認定法等で定められた書類については、誰でも閲覧の請求をすることが可能であり、公益法人は正当な理由がない限り、この閲覧の請求を拒むことはできません。

※　認定法等で定められている備置き書類

・　事業計画書、収支予算書、資金調達及び設備投資の見込み

（認定法第21条第1項）

・　財産目録、役員等名簿、役員報酬等支給基準、キャッシュフロー計算書（会計監査人設置法人のみ）、運営組織及び事業活動の状況の概要及びこれらに関する数値のうち重要なものを記載した書類（定期提出書類の「別紙1」）

（認定法第21条第2項）

・　社員名簿（一般法人法第32条）

・　貸借対照表、損益計算書、事業報告及びこれらの附属明細書、監査報告・会計監査報告（一般法人法第129条、第199条）

・　定款（一般法人法第14条、第156条）

・　特定費用準備資金、資産取得資金、5・6号財産（＝寄附その他これに類する行為によって受け入れた財産）に関する書類

（認定法施行規則第18条第3項第5号、第22条第4項・第5項）

【根拠規定】

・　認定法第21条第1項・第2項・第4項、第64条第3号

・　認定法施行規則第18条第3項第5号、第22条第4項・第5項

・　一般法人法第14条、第32条、第129条、第156条、第199条、第342条

第 8 号

2．貸借対照表を公告していない

　法人は、定時社員総会又は定時評議員会の終結後遅滞なく、貸借対照表を定款で定
める方法により公告しなければなりません。

　この公告を怠った場合、過料の対象とされていますので御留意ください。

【根拠規定】

- ・　一般法人法第 128 条、第 199 条、第 331 条、第 342 条第 2 号
- ・　一般法人法施行規則第 88 条第 1 項

3．決算理事会と社員総会・評議員会との間が中 14 日間以上空いていない

　理事会を設置している法人は、事業報告及び計算書類等を承認するための理事会の
開催日と社員総会・評議員会との間を中 14 日間以上空ける必要があります。

　この 14 日間は、社員総会・評議員会の審議のため、社員・評議員が事業報告及び
計算書類等の内容を事前に確認するための期間ですので、御留意ください。

　また、事業報告及び計算書類等は、社員総会・評議員会開催の 2 週間前から 5 年間、
法人の主たる事務所に備え置かなければなりません。

　備え置かなかった場合、過料の対象とされていますので御留意ください。

【根拠規定】

- ・　一般法人法第 129 条第 1 項、第 199 条、第 342 条第 8 号

4．招集通知発出日と理事会・社員総会・評議員会との間が中 7 日間以上空いていない

　理事会・社員総会・評議員会の招集にあたっては理事会・社員総会・評議員会の日
の 1 週間（理事会及び評議員会において、これを下回る期間を定款で定めた場合にあ
たっては、その期間）前までに召集の通知を発しなければなりませんので、通知を発
する日と理事会・社員総会・評議員会の間を中 7 日間（理事会及び評議員会において、
これを下回る期間を定款で定めた場合にあたっては、その期間）以上空ける必要があ
りますので、御留意ください。

【根拠規定】

- ・　一般法人法第 39 条第 1 項、第 94 条第 1 項、第 182 条第 1 項

5．代表理事及び業務執行理事の自己の職務の執行状況を業務執行理事や法人事務局等が代わりに理事会に報告している

　理事会の任務は、法人の業務執行の決定と理事に対する職務執行の監督です。

　理事会の構成員である各理事が適正な決定・監督の判断をするためには、適切な情報
の収集が不可欠です。

　そこで、各理事にこうした情報を提供するため、代表理事及び業務執行理事には、
3 カ月に 1 回以上（定款で毎事業年度に 4 カ月を超える間隔で 2 回以上その報告をし
なければならない旨を定めている場合は当該定款で定める回数）、自己の職務の執行状
況を理事会に報告する義務が課せられています。代表理事及び業務執行理事の自己の

職務の執行状況の報告は、代表理事、業務執行理事各々が自ら報告してください。

【根拠規定】
- 一般法人法第 90 条第 2 項第 1 号・第 2 号、第 91 条第 2 項、第 197 条

6. 一部の理事や監事が社員総会・評議員会に出席していない

理事及び監事は法人と委任関係にあり、理事及び監事は、社員総会・評議員会において特定の事項について説明を求められた場合には、当該事項について必要な説明をしなければなりません。

理事が正当な理由なく、この説明義務を果たすことができなかったと認められる場合には、善管注意義務違反及び忠実義務違反を問われる可能性がありますので御留意ください。

また、監事は独任制の機関と解されており、個々の監事が、正当な理由なく、この説明義務を果たすことができなかったと認められる場合には、善管注意義務違反を問われる可能性がありますので御留意ください。

【根拠規定】
- 一般法人法第 53 条、第 64 条、第 83 条、第 190 条、第 172 条第 1 項、第 197 条
- 民法第 644 条

7. 監事が理事会に出席していない

理事が理事会に出席するのは当然のこととして、監事も理事会に出席し，必要に応じて意見を述べなければなりません。(理事と同様、監事にも招集通知を発出しなければなりません。)

監事は理事の職務の執行を監査するという重要な役割を担っており、この任務を怠ったと認められる場合には、善管注意義務違反を問われる可能性がありますので御留意ください。

【根拠規定】
- 一般法人法第 101 条第 1 項、第 94 条

8. 理事会、社員総会、評議員会の議事録に法定事項が記載されていない

例えば、議事録には理事会、社員総会又は評議員会に出席した理事、監事又は会計監査人の氏名や名称を記載しなければならないのですが、このような法定記載事項を記載していない場合が散見されています（※末尾の議事録記載事項（財団・社団別をご確認ください。）。

議事録に記載すべき事項を記録しなかった場合、過料の対象とされていますので御留意ください。

【根拠規定】
○ 理事会の議事録に係るもの
- 一般法人法第 95 条第 3 項、第 342 条第 7 号

付録　**139**

- ・ 一般法人法施行規則第15条第3項・第4項
○ 社員総会の議事録に係るもの
- ・ 一般法人法第57条第1項、第342条第7号
- ・ 一般法人法施行規則第11条第3項・第4項
○ 評議員会の議事録に係るもの
- ・ 一般法人法第193条第1項、第342条第7号
- ・ 一般法人法施行規則第60条第3項・第4項

【会計面】

1. 経費の配賦基準を定めていない

各会計区分に関連する費用額については、適切な基準を定め配賦することが必要です。継続的に使用できるような積算根拠となる資料を整備し、適切に取り扱ってください。

【根拠規定】
- 認定法第 15 条
- 認定法施行規則第 19 条

2. 現金・通帳及びインターネットバンキングの管理が不適切

通帳、印鑑及び現金の管理やインターネットバンキングの出金作業を会計担当者一人で行うことなく、複数の会計担当者や責任者で、適切に管理するとともに、出入金等の検査・確認も随時、適切に行ってください。そのうえで、理事や監事、その他の職員で適宜確認する等により適切に取り扱うように努めてください。

【根拠規定】
- 認定法第 5 条第 2 号
- 公益認定等に関する運用について（公益認定等ガイドライン）Ⅰ－2

3. 契約手続きが不適切

各種契約等の締結にあたっては、「特定の団体等に特別の利益を与える行為」とならないよう、不断に自己点検を行うとともに、契約の更新や新たな契約の締結に際しては、競争原理を働かせ、適正な価格で契約するよう努めてください。

また、経理（会計）規程等と照合し、規程どおり適切に事務を取り扱っていることについても確認してください。

【根拠規定】
- 認定法第 5 条第 4 号、第 2 号

4. 退職給付引当金の計上額が誤っている

退職金を退職金給付規程等で支給することになっている場合は、規程に基づいた適正な金額を算定し、その期末要支給額を引当金として財務諸表に計上することが必要ですので、適切に取り扱ってください。

【根拠規定】
- 一般法人法第 119 条、第 120 条 1 項

5. 特定費用準備資金（資産取得資金）の要件を満たしていない

特定の目的のために執行する資金や特定の財産の取得または改良に充てる資金については、認定法施行規則に掲げる要件の全てを満たすことが必要ですので、適切に取り扱ってください。

【根拠規定】
- 認定法第 15 条、第 16 条 2 項
- 認定法施行規則第 18 条 3 項、第 22 条 4 項

1．財団の場合の議事録記載事項

理事会 法定記載事項 【法人法 95Ⅲ、法人規則 15Ⅲ】

	開催日時及び場所
	理事会の議事の経過の要領及びその結果 ⇒ 次の事項について、決議又は報告されているか
	・ 事業計画書、収支予算書、資金調達及び設備投資の見込みを記載した書類の承認 【認定規則 37、社員総会で承認している場合を除く】
	・ 事業報告書、計算書類及びこれらの附属明細書の承認【法人法 124Ⅲ】
	・ 評議員会の招集決議【法人法 181】
	・ 代表理事、業務執行理事の自己の業務執行報告（定款：　　箇月を超える間隔で、　　回以上） 【法人法 91Ⅱ】
	議長が存するときは、議長の氏名
	※その他、法定記載事項に該当するものがある場合、記載されているか。 「決議を要する事項について特別の利害関係を有する理事があるときは、当該理事の氏名」 「定款で議事録署名人を代表理事とする旨の定めがあるときは代表理事以外の理事であって理事会に出席したものの氏名」 など

※決議の省略の場合 【法人規則 15Ⅳ ｉ イ】

	理事会の決議があったものとみなされた事項の内容
	上記事項を提案した理事の氏名
	理事会の決議があったものとみなされた日
	議事録作成にかかる職務を行った理事の氏名
（その他確認）	
	理事全員の同意書が揃っているか
	監事全員の異議ない旨の書類が揃っているか

評議員会 法定記載事項 【法人法 193、法人規則 60Ⅲ】

	開催日時及び場所
	議事の経過の要領及びその結果 ⇒ 次の事項について、決議されているか
	・ 事業報告書、計算書類（貸借対照表及び損益計算書）の承認 【法人法 126Ⅱ】 ※附属明細書は含まない
	・ 理事の選任（候補者一人ずつ決議が行われいるか）【法人法 63Ⅰ】
	・ 監事の選任【法人法 63Ⅰ】
	評議員会に出席した評議員、理事、監事、会計監査人の氏名
	議長が存するときは、議長の氏名
	議事録の作成に係る職務を行った者の氏名
	※その他、法定記載事項に該当するものがある場合、記載されているか。
	「決議を要する事項について特別の利害関係を有する評議員があるときは、当該評議員の氏名」など

２．社団の場合の議事録記載事項

理事会　法定記載事項 【法人法 95Ⅲ、法人規則 15Ⅲ】

	開催日時及び場所
	理事会の議事の経過の要領及びその結果　⇒　次の事項について、決議又は報告されているか
	・事業計画書、収支予算書、資金調達及び設備投資の見込みを記載した書類の承認 【認定規則 37、社員総会で承認している場合を除く】
	・事業報告書、計算書類及びこれらの附属明細書の承認【法人法 124Ⅲ】
	・社員総会の招集決議 【法人法 38Ⅱ】
	・代表理事、業務執行理事の自己の業務執行報告（定款：□箇月を超える間隔で、□回 以上） 【法人法 91Ⅱ】
	議長が存するときは、議長の氏名
	※その他、法定記載事項に該当するものがある場合、記載されているか。 「決議を要する事項について特別の利害関係を有する理事があるときは、当該理事の氏名」 「定款で議事録署名人を代表理事とする旨の定めがあるときは代表理事以外の理事であって理 事会に出席したものの氏名」など

※決議の省略の場合 【法人規則 15Ⅳ ｉ イ】

	理事会の決議があったものとみなされた事項の内容
	上記事項を提案した理事の氏名
	理事会の決議があったものとみなされた日
	議事録作成にかかる職務を行った理事の氏名

（その他確認）

	理事全員の同意書が揃っているか
	監事全員の異議ない旨の書類が揃っているか

社員総会　法定記載事項【法人法 57、法人規則 11Ⅲ】

	開催日時及び場所
	議事の経過の要領及びその結果　⇒　次の事項について、決議されているか
	・事業報告書、計算書類（貸借対照表及び損益計算書）の承認 【法人法 126Ⅱ】 ※附属明細書 は含まない
	・理事の選任（候補者一人ずつ決議が行われているか）【法人法 63Ⅰ】
	・監事の選任 【法人法 63Ⅰ】
	社員総会に出席した理事、監事、会計監査人の氏名
	議長が存するときは、議長の氏名
	議事録の作成に係る職務を行った者の氏名

〔付録2. 内閣府公益認定等委員会資料〕

法人運営における留意事項

～立入検査における主な指摘事項を踏まえて～

《機関運営関係》
1 定時社員総会（評議員会）の開催手続きについて
2 その他

《業務運営・手続関係》《財務・会計関係》
1 変更認定申請・変更届出の懈怠（判断のポイント）
2 事業運営、書類備置き等の不備
3 財務・会計関係の留意事項
（※公益認定等委員会だより第43号及び第44号より抜粋）

 内閣府　公益認定等委員会

法人運営における留意事項
～立入検査における主な指摘事項を踏まえて～

内閣府では、「概ね3年を目途に全ての法人に対する立入検査が一巡するスケジュールで実施する」としている「立入検査の考え方」(平成21年12月24日)の趣旨を踏まえ、平成26年度から立入検査の実施を本格化させているところです。
今般、これまでに実施した立入検査の際の指摘事項等を参考に、多くの法人に共通する事項について取りまとめました。今回は、「機関運営関係」について、次回は「業務運営・手続関係」、「財務・会計関係」を掲載する予定です。

「立入検査」とは？
○公益法人として遵守すべき事項に関する法人の事業の運営実態を確認する観点から行います。
○事前通知の上、通常1日、複数名で伺います。その際には、法人運営全般や事業内容等について、役員等の方から御説明いただきます。

機関運営関係の指摘事項

1. 定時社員総会(評議員会)の開催手続きについて

1 決算承認理事会と定時社員総会(評議員会)の議事録を確認したところ、同日に開催していた

■解説
法人法第129条第1項(第199条で準用する場合を含む)の規定により、定時社員総会又は定時評議員会の2週間前から計算書類等を備え置くこととなっていますが、当該備置き書類は理事会の承認を得たものであることが求められます。
したがって、計算書類等を承認する理事会と定時社員総会(評議員会)は、中2週間以上を開ける必要があります。

解決アドバイス

① <u>テレビ会議</u>や<u>電話会議</u>などにより理事会や社員総会(評議員会)を開催することも可能です。出席者が一堂に会するのと同等の相互に十分な議論ができる方法であれば許容されますが、その際には、<u>議事録に当該方法について記録</u>しておきましょう。

② 「<u>決議の省略</u>」について説明します。
> <u>理事会</u> 定款に「決議の省略」について定めを設ければ、提案された議題について書面又は電子メール等で議決に加わることのできる理事全員の同意を受け取り、かつ、監事の異議がない場合、決議がなされたものとみなすことができます。
> <u>社員総会及び評議員会</u> 社員総会は全社員の同意、評議員会は利害関係のない評議員全員の同意が必要ですが、定款の定めは不要です。

なお、理事会、社員総会(評議員会)の決議の省略について議事録の記載を忘れずに行ってください。
(詳細は、FAQ問Ⅱ-6-①、問Ⅱ-6-②、問Ⅱ-7-①を参照ください)

2 定時社員総会(評議員会)の招集手続を省略する場合に、理事会決定を行っていない

■解説
法人法第40条又は第183条の規定により、社員又は評議員の全員の同意があるときは、社員総会又は評議員会の招集の手続を省略することができますが、この場合に省略できるのは「招集の手続」であって、理事会による「招集の決定」は省略できません(ただし、法人法第96条による「理事会の決議の省略」によって招集を決定することは可能です)。

3 定時社員総会(評議員会)の招集通知に際して、計算書類等を提供していない

■解説
法人法第125条(第199条で準用する場合を含む)の規定により、定時社員総会又は定時評議員会の招集通知に際しては、理事会の承認を受けた計算書類等を社員又は評議員に提供しなければならないとされています。

2. その他

4 業務執行理事等の理事会に対する職務執行報告が行われていない、又は議事録に記載がなく実施の確認ができない

■解説
　法人法第91条第2項の規定により、代表理事及び業務執行理事は、自己の職務の執行状況を理事会に報告しなければならないとされています。なお、当該報告は、同法第98条第1項による理事会への報告の省略の対象外となっています（同条第2項）。

5 役員の選任に際し、個別に採決せず、一括で決議していた

■解説
　役員等の選任に当たっては、一人一人の役員等の選任議案について議決権を行使できることから、複数人を一括で決議することなく、それぞれの役員等について個別に決議を要します（「移行認定又は移行認可の申請に当たって定款の変更の案を作成するに際し特に留意すべき事項について（平成20年10月10日内閣府公益認定等委員会）」Ⅱ4を参照）。

6 議事録の作成・保存の不備（記載事項、記名・押印等）

■解説
　理事会については、法人法第95条第3項及び第97条、社員総会又は評議員会については、第57条及び第193条により議事録の作成と主たる事務所への備置きが規定されており、法務省令において開催日時及び場所、議事の経過の要領及びその結果、出席した役員等の氏名、議長が存する場合の氏名等の記載するべき事項が規定されています（同法施行規則第11条、第15条、第60条）。

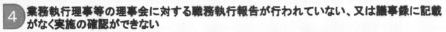

「公益法人information」内【公益法人の皆様へ】に、法人運営に役立つパンフレットを掲載しています

①公益法人の各機関の役割と責任
②移行後の法人の業務運営と監督について
③社員総会、評議員会の開催日程

https://www.koeki-info.go.jp/index.html

法人運営における留意事項
～立入検査における主な指摘事項を踏まえて（後編）～

今回は、「業務運営・手続関係」と「財務・会計関係」について、今後の法人運営の参考となる事項を取りまとめました。

1. 変更認定申請・変更届出の懈怠

事例1.「変更認定申請」が必要なことが判明した主な例
① 公益認定を受けた事業を実施していない（今後も実施の見込みなし）
② 既存の事業に含まれない事業を新たに実施していた

事例2.「変更届出」が必要なことが判明した主な例
① 役員の変更に関するもの（選任・退任等）
② 役員報酬の支給基準の変更
③ 事務所所在地の変更に関するもの

解説
認定法第11条に該当する変更を行う場合には、事前に行政庁に対し変更認定申請を行い、その認定を受ける必要があります。
また、認定法第13条に該当する変更を行った場合には、変更後遅滞なく行政庁に変更の届出をする必要があります。

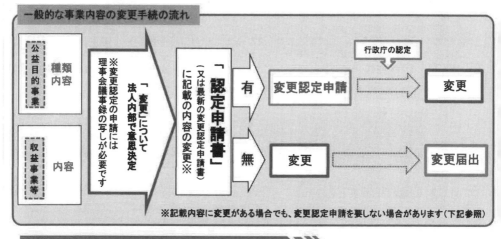

一般的な事業内容の変更手続の流れ

※記載内容に変更がある場合でも、変更認定申請を要しない場合があります（下記参照）

「変更認定申請」と「変更届出」の判断のポイント

　公益法人は、認定申請書に基づき公益認定を受けていますので、事業内容の変更に当たっては、申請書の記載事項の変更を伴うかどうかが「変更認定」の要否の判断基準の一つになります。記載内容に変更がある場合は、公益認定基準適合性について確認するため、「変更認定申請」が必要になります。
　一方、公益目的事業の内容の変更の場合において、事業の公益性についての判断が明らかに変わらず、認定申請書に参考情報として記載されているにすぎない事項の変更と考えられる場合は、申請書の記載事項の変更を伴わないものとして、「変更届出」を行うことになります。

事例からの判断のポイント

- ✓ 既存の公益目的事業(事業番号)を統合・再編・廃止する場合や、新たに事業番号を付して事業を追加する場合、「公益目的事業のチェックポイント」の事業区分を異にする事業を新たに追加する場合などは、改めて公益性の判断をする必要があるため、「変更認定」の申請が必要になります。

- ✓ 収益事業等の内容に係る変更の場合、公益目的事業の実施に支障が出ないか、公益目的事業比率が50%を割り込むことはないか、法人の財務基盤に影響はないかなど公益認定基準適合性を確認するため、「変更認定」の申請が必要になります。

- ✓ 公益目的事業を行う都道府県の区域又は主たる事務所若しくは従たる事務所の所在場所に変更がある場合、行政庁の変更を伴うときは「変更認定」の申請、行政庁の変更を伴わないときは変更届出が必要になります。

- ✓ 代表理事が複数名いる場合であって、変更となる代表理事が、認定法上の「代表者」として認定申請書に記載されている場合には、変更届出が必要です。変更となる代表理事が認定法上の「代表者」ではない場合であっても、当該代表理事の変更が理事の変更を伴う場合には、変更届出の対象となります。

- ✓ 事業の日程、財務数値など運用上変動することが想定される事項については、事業内容の変更には当たらず、変更認定の申請及び変更届出を要しません。

【その他の参考事項】

> 行政庁の変更を伴う変更認定申請書は、旧行政庁に提出してください(認定法第12条第1項)。

> 変更認定申請書や変更届出書には、添付書類が必要となります。
> (認定法施行規則第8条及び第11条)。

≪主な添付書類≫

① 公益認定申請書に添付した書類のうち、変更に係るもの

② 当該変更を決議した理事会の議事録の写し

③ 当該変更が合併又は事業の譲渡に伴う変更である場合はその契約書の写し

④ その他、行政庁が必要と認める書類等

(※変更届では①、変更認定申請については①から④が添付書類となります。)

変更の内容により提出書類が異なりますので詳細は公益法人information内「公益法人の皆様へ」に掲示の「変更認定申請・変更届出、定期提出書類に関する事項」の各種申請様式と手引きを確認ください。

(詳細は、FAQ問Ⅺ-1-①、問Ⅺ-2-①を参照ください。)

2 事業運営、書類備置き等の不備

事例3. 事業運営の実態が明らかでない
① 公益目的事業に係る合議機関を設置しているが、当該機関に係る諸規則が事業運営の実態と整合していない部分があった
② 資格付与事業を実施しているが、審査に関与する者の専門性を合理的に説明できない

事例4. 財産目録等の備置き及び閲覧の不備
① 役員報酬規程、財務諸表の注記、附属明細書等について備え置いていない
② HP上で貸借対照表等を公告しているが、旧データのまま更新していない

解説 認定法第21条により、公益法人は、毎事業年度の事業計画書、事業報告等について、広く一般の閲覧に供することとなっています。法人法第129条第3項（同法第199条において準用する場合を含む）による計算書類等の閲覧等が、法人関係者である社員、評議員及び債権者を請求主体としている一方で、認定法に基づく上記の閲覧は、「何人も」請求できる制度となっている点に留意ください。

3 財務・会計関係の留意事項

事例5. 会計処理について
① 役員報酬規程では無報酬と規定しているが、実際には理事会等の出席に際し、報酬に該当する一定額を支給していた
② 実費相当の費用としての積算根拠が明らかでない一定額を、交通費や通信費の名目で支給していた
③ 財務諸表の勘定科目名を誤って使用していた

○財産管理体制について

認定基準の一つとして、公益法人は公益目的事業を実施するために必要な「経理的基礎」を有することが求められます。これは、継続的・安定的な公益目的事業の実施を担保することを趣旨とするもので、具体的には、「経理処理・財産管理の適正性」が求められています。（「公益認定等に関する運用について（公益認定等ガイドライン）」Ⅰ2.を参照）

解決アドバイス
➢ 鍵のかかる金庫（手提げ金庫等を含む）を使用し、鍵の管理者と経理担当者を別にする
➢ 定期的に出納帳と金庫残高、預金残高の照合、証票類の確認を徹底する
➢ 内部統制に関するルールについて支部長や理事等の管理者の意識改革が必要、異常点は徹底して原因分析をする

「公益法人information」内【公益法人の皆様へ】に、各種資料・パンフレットを掲載しています

①公益法人の皆様へ

〔付録3. 東京都資料〕

平成 29 年度　公益法人定期立入検査実施概況報告

平成 30 年 9 月

東京都生活文化局都民生活部

東京都では、公益法人に対して実施した定期立入検査の概況について、年度ごとに報告書を作成し、公表することとしています。

　このたび、平成 29 年度に実施した定期立入検査の概要並びに類型的な指摘事項についての指摘の趣旨及び東京都の指導内容等を、本報告書のとおりまとめました。

　本報告書では、主な指摘事項を「（1）事業の実施状況について」「（2）理事会、社員総会及び評議員会の開催状況など内部管理について」「（3）経理処理状況について」「（4）内部規程等の整備について」の 4 つに分類し、それぞれにおける具体的内容について記載しました。

　なお、平成 29 年度は 28 年度に比べて、定期立入検査が 2 回目となる法人が多かったこともあり、指摘件数は前年度より減少したものの、個々の内容を見ると、前年度同様多くの法人で指摘された事項に加え、新たに見られた事項もあります。指摘件数が多かった事例や、誤りやすい事項等について箇条書きで具体的に記載するとともに、新たに加えた事項等には下線を付しました。

　さらに、前年度との比較において見られる全体的な傾向についても、上記の 4 分類ごとに【前年度との比較】としてまとめました。

　公益法人の皆様に課題の早期発見や自主的な解決など適正な事業運営の一助としていただくとともに、都民の皆様に公益法人制度への一層の御理解をいただければ幸いに存じます。

平成 30 年 9 月
東京都生活文化局都民生活部

1 概要

（1）定期立入検査の根拠等

東京都が行う公益法人に対する定期立入検査は、公益社団法人及び公益財団法人の認定等に関する法律（平成 18 年法律第 49 号。以下「認定法」という。）第 59 条第 2 項において読み替えて適用する同法第 27 条第 1 項の規定に基づいて実施するものである。

また、東京都においては、公益法人の監督に関して「監督の基本的考え方」、「立入検査の考え方」及び「東京都公益法人等立入検査実施要領」を定めるとともに、平成 29 年度の定期立入検査に当たっては「平成 29 年度法人の運営組織及び事業活動の状況に関する立入検査について」（28 生都管第 1515 号、平成 29 年 2 月 27 日決定）により細目を定め、実施している。

（2）定期立入検査の目的

認定法等の法令で明確に定められた遵守すべき事項に関し、実際に現地に赴き、事業の運営実態を確認することで、公益法人の事業の適正な運営を確保することを目的とする。

（3）対象法人

「立入検査の考え方」1（2）に基づき、公益認定後の初回の定期立入検査については公益認定後概ね 3 年以内に、また 2 回目の定期立入検査については直近の定期立入検査から 3 年以内に実施することとなるよう対象法人を選定し、144 法人に対して実施した。

（4）実施体制

原則として、職員 3 名により実施した。

（5）実施方法等

対象法人に対して、定期立入検査実施日の概ね 1 か月前までに、日時、場所等について通知した上、実施した。

当日は、関係書類を閲覧するとともに、法人役員及び職員に対して詳細な説明を求め、その結果、不備のあった事項については、随時改善について指導を行った。また、終了後に講評を行い、総括して伝達した。

（6）結果通知等

実施日から概ね 2 か月以内に、法人に対して、文書による結果通知を行った。

また、必要に応じて、定期立入検査後の状況について報告を求め、指摘した事項の改善に向けた取組を促した。

2 主な指摘事項

（1）事業の実施状況について

ア　事業内容の相違について

公益法人は、公益認定の申請の際に、公益目的事業の種類及び内容並びに収益事業等の内容について申請書に記載することとされており、これらの変更を行うときには変更の認定申請（認定法第 11 条第 1 項第 2 号及び第 3 号）又は変更の届出を行わなければならない（認定法第 13 条第 1 項第 2 号、認定法施行規則第 7 条第 3 号）。

定期立入検査において事業の実施内容を確認したところ、公益認定の申請に際して実施することとしていた内容と相違のある事例が見られたため、変更届出等の手続をとるよう指導した。

（事業内容が相違していた事例）

・　事業の実施方法等を変更していた。

・　細事業の一部を<u>追加又は</u>廃止していた。

イ　不適切な事務処理等について

公益法人においては、関係法令のほか、それぞれの法人が定める定款や内部規程に沿った事務処理を行うことが求められる。

定期立入検査において事務処理の状況を確認したところ、<u>認定申請の際に整備するとしていた規程や事業の実施に必要な規程等が整備されていない</u>、あるいは規程に沿った処理が行われていないなど、不適切な処理の事例が見られたため、改善を指導した。

（不適切な処理の事例）

・　講師等謝礼の金額について、判断の根拠となる謝礼基準が整備されていなかった。

・　学生寮の運営や奨学金給付等、選考を伴う事業を実施する法人において、<u>入寮生や奨学生の選考に関する規程が存在しなかった</u>、あるいは、<u>規程に定めた選考委員会の開催や選考過程の記録が適切に行われていないなど規程どおりに処理していなかった</u>。

【前年度との比較】

「ア　事業内容の相違について」の指摘件数は、28 年度よりも増え、事業の実施状況に関する事項の中では最多となった。

特に、細事業の一部追加・廃止の後、届出が遅滞していた事例が、前年度同様に見受けられた。

（２）理事会、社員総会及び評議員会の開催状況など内部管理について

　ア　役員及び評議員の選任に係る欠格事由に該当しないこと等の確認について

　　　一般社団法人及び一般財団法人に関する法律（平成 18 年法律第 48 号。以下「法人法」という。）第 65 条（第 173 条及び第 177 条による準用を含む。）は、理事、監事及び評議員となることができない者について定め、また、認定法第 6 条は、理事、監事及び評議員に同条第 1 号イからニに該当する者がある場合には、公益認定を受けることができないことを定めている（いわゆる「欠格事由」）。さらに、認定法第 5 条第 10 号では、理事及び三親等内の親族等である理事の合計数が理事の総数の 3 分の 1 を超えないものであることを定め、第 11 号では、他の同一の団体において相互に密接な関係にある者である理事の合計数が理事の総数の 3 分の 1 を超えないことを定めている（いわゆる「3 分の 1 規定」。なお、監事についても同じ。）。

　　　このため、評議員、理事及び監事の選任にあたっては、欠格事由に該当しないこと、また理事及び監事の選任にあたっては、認定法に定める 3 分の 1 規定を満たすことを履歴書等から確認する必要がある。

　　　定期立入検査において選任手続を確認したところ、役員等の就任に当たって、欠格事由に該当しないこと、又は 3 分の 1 規定を満たすことの確認に不備がある事例が見られたため、就任時の確認の徹底について指導した。

（確認に不備があった事例）

・　認定法に基づく確認は行っていたが、法人法に基づく確認を行っていなかった。

・　新任の役員等についての確認は行っていたが、重任の役員等については履歴書等を徴しておらず、3 分の 1 規定を満たすことを十分に確認していなかった。

・　欠格事由等に該当しないことを確認した証跡が残されていなかった。

　イ　社員総会、評議員会及び理事会の開催又は招集手続等について

　　　社員総会、評議員会及び理事会の開催又は招集手続等に関し、次のような事例があった。

（ア）手続に関する記録について

　　社員総会又は評議員会の開催に当たっては、通常の場合、理事会の決議が必要とされているが（法人法第38条第2項及び第181条第1項）、定期立入検査において理事会の議事録等を確認したところ、開催議決が行われていることの確認ができない事例が見られた。

　　また、開催の議決は行われているものの、法人法で規定された事項（日時、場所、議題、書面による議決権行使が可能なこと等）まで決議されていない事例が見られた。

　　さらに、理事会の開催に際して、法人法第94条第2項及び第197条による準用に基づく招集手続の省略を適用することがあり、招集手続の省略には、理事及び監事全員の同意が条件とされているが、定期立入検査において確認したところ、同意を取ったことの確認ができない事例が見られた。

　　社員総会、評議員会及び理事会の開催や招集に関する手続の記録は、当該社員総会等の開催の正当性に関する証跡となるものであることから、議事録への記載など適切に記録することを指導した。

（イ）理事会等の開催通知について

　　理事会を招集するときには、開催の1週間前までに通知を発しなければならないとされている（法人法第94条第1項及び第197条による準用。なお、定款で期間を定めた場合にはその期間前までに通知を発しなければならない。）。

　　定期立入検査において理事会等の開催に関する手続について確認したところ、開催の1週間前又は定款で定める期間前までに理事会開催通知を発していない事例や、法の要件を満たしていない事例など不適切な方法による通知が見られたため、改善を指導した。

```
（不適切な通知の事例）
・　評議員会の招集通知を電子メールで送付しているが、あらかじめ法人法第182条第2項
　　に定める評議員の承諾を得ていなかった。
```

（ウ）決算に関する理事会と社員総会又は評議員会の開催の間隔について

　　決算に関する社員総会又は評議員会を開催するときには、開催日の2週間前までに計算書類等を作成する必要がある（法人法第129条及び第199条による準用）ことから、理事会についても、社員総会又は評議員会の開催日の2週間前までに開催されている必

要がある。

　定期立入検査において理事会と社員総会又は評議員会の開催日について確認したところ、社員総会又は評議員会の開催日の2週間前までに理事会が開催されていない事例が見られたため、開催日の設定に際して留意するよう指導した。

ウ　議事録の作成及び保存について

　社員総会、評議員会及び理事会の議事録については、法人法施行規則に定められた事項を記載して作成し、一定期間、事務所に備え置くこととされている（法人法第57条、第97条、第193条及び第197条による準用）。また、具体的な作成方法については、各法人の定款等で定めている場合が多い。

　定期立入検査において議事録の作成・保存状況を確認したところ、不適切な事例が見られたため、改善を指導した。

（不適切な作成・保存の事例）
・　理事等の記名押印など、法令や定款に定められた事項が遵守されていなかった。
・　定期立入検査時点において、議事録の原本が所在不明となっていた。

エ　代表理事及び業務執行理事による職務執行状況報告について

　法人の代表理事及び業務執行理事は、自己の職務の執行状況を理事会に報告しなければならないとされている（法人法第91条第2項及び第197条による準用）。

　定期立入検査において職務執行状況報告の実施状況を確認したところ、適切に実施されていなかった事例や、実施内容が不十分な事例などが見られたため、法人法または定款に基づき適切に実施することなどについて指導した。

（不適切な職務執行状況報告の事例）
・　代表理事による職務執行状況報告は実施されていたが、業務執行理事による報告が実施されていなかった。
・　職務執行状況報告は実施されていたが、定款に定める回数等を満たしていなかった。
・　職務執行状況報告の内容等が理事会議事録に明確に記録されておらず、職務執行状況報告が確実に行われたのかどうか確認できなかった。

付録　**157**

オ　監事の責務について

　　監事には、理事の職務執行を監査する役割があり、理事会へ出席すること（法人法第 101 条及び第 197 条による準用）及び計算書類等に関する監査報告を作成すること（法人法第 124 条及び第 199 条による準用、法人法施行規則第 36 条及び第 64 条による準用）などの義務や権限が定められている。

　　定期立入検査において理事会の開催状況等を確認したところ、監事が理事会に出席していない事例等が見られたため、監事が適切に責務を果たすための措置を講ずることを指導した。

（**監事の責務が適切に果たされていない事例**）

- 複数の監事が置かれている法人において、一部の監事に理事会の欠席が多く見られた。
- 監査報告の内容が法令に定める事項を満たしていなかった。

カ　設立に関与した企業等との関係について

　　特定の企業からの出捐を受けている公益法人や上部団体を有する公益法人において、当該企業等の事業所内に公益法人の事務所を置いたり、職員の出向を受けたりする事例が見られるが、契約や規程等によって公益法人の独立した運営が担保されるとともに、権限や責任が明確となっている必要がある。

　　定期立入検査において確認したところ、こうした企業等との関係が不明確な事例が見られたことから、業務等を適切に区分するよう指導を行った。

（**設立に関与した企業等との関係が不明確であった事例**）

- 事務室の賃貸借、光熱水費負担、職員の出向に関する契約等に不備があった。
- 関連する団体の事務と公益法人の事務の区分が不明確であった。

【前年度との比較】

　　「ア　役員及び評議員の選任に係る欠格事由に該当しないこと等の確認について」のうち、「欠格事由に該当しないこと又は３分の１規定を満たすことの確認」に不備があるとする件数は、全事項を通じて 28・29 年度ともに最多となった。

　　特に、「新任の役員等についての確認は行っていたが重任の役員等については履歴書等による確認を行っていなかった」などのケースが目立つ。

次いで、開催又は招集手続等についての指摘件数が、28年度よりは減ったものの依然として多数を占める。

（3）経理処理状況について

ア　不適切な事務処理について

　　公益法人においては、経理処理についても関係法令、公益法人会計基準及びそれぞれの法人が定める定款や内部規程等に沿った事務処理が求められている。

　　定期立入検査において経理処理の状況を確認したところ、各法人の内部規程に反した不適切な事務処理等が見られたため、改善を指導した。

（不適切な事務処理の事例）

・　現預金の残高照合が法人の規程に定めた頻度で行われていない、責任者が確認を行ったことの証跡が認められないなど、適切に行われていなかった。

・　銀行預金等の残高証明に取得漏れがあった。

・　不適切な勘定科目で会計処理を行っていた。

イ　特定費用準備資金等の扱いについて

　　認定法施行規則第18条に定める特定費用準備資金及び同規則第22条第3項第3号に定める資産取得資金に関しては、積立限度額及びその算定の根拠等を整備し、備置き及び閲覧等の措置を講じることとされている。

　　定期立入検査において特定費用準備資金及び資産取得資金の状況を確認したところ、規程等を整備しないまま設置している事例が見られたため、規程等を整備するとともに備置き等の措置を講じるよう指導した。

ウ　退職給付に関する取扱いについて

　　公益法人が退職給付に係る制度を設けている場合には、内閣府「新たな公益法人制度への移行等に関するよくある質問（ＦＡＱ）（平成28年6月版）」問Ⅵ-4-②により、企業会計基準である「退職給付に関する会計基準」に則り会計処理を行うこととなる。

　　定期立入検査において退職給付に係る制度整備状況や会計処理等を確認したところ、不適切な事例が見られたため、適切な取扱いを行うよう指導した。

付録　159

（退職給付に関する取扱いが不適切な事例）
- 退職金を給付しているが、根拠となる退職給付に係る規程が整備されていなかった。
- 退職給付に係る引当金が規程どおりに算出されておらず、誤った金額で計上されていた。

エ　帳票類の管理不備等について

　　公益法人には、法人の役員が財産を適切に管理、運用すること、そのために必要となる十分な会計帳簿を備え付けることなどが求められている。

　　定期立入検査において会計帳簿等を確認したところ、不適切な事例が見られたため、適切に整備し管理するよう指導した。

（帳票類の管理等が不適切な事例）
- 規程に定められた必要な帳簿が整備されていなかった。
- 定期立入検査時点において、一部の帳簿が所在不明となっていた。

【前年度との比較】

　　「ア　不適切な事務処理について」の指摘のうち、法人が定める経理処理規程に沿った処理をしていないものが、28年度・29年度とも、経理処理状況に関する事項全体の約半数を占めており、現預金の残高照合が適切に行われていないものや、銀行預金の残高証明書の取得漏れなどが見られた。

　　「イ　特定費用準備資金等の扱いについて」「ウ　退職給付に関する取扱いについて」も、規程の未整備や規定どおりに算出されていないなどの不備が見られる。

　　一方、「エ　帳票類の管理不備等について」は、件数は減ったが、一部の法人において前年度同様、必要な帳簿の未整備などの不備が見られる。

（4）内部規程等の整備について

　　公益法人が法令・定款に適合した運営を確保していくためには、組織運営や事業運営の基準となる内部規程を整備するとともに、その内部規程を遵守していくことが求められる。

　　どのような内部規程を整備すべきかについては法人の規模や事業等によって異なるが、定期立入検査において法人の実施事業等に応じて整備状況を確認したところ、事業の実施や内部管理に必要となる内部規程等が整備されていない事例が見られたため、整備するよう指導

した。

（整備されていなかったことが目立った規程等）

- 講師等に対する謝礼支払基準（上記（1）イのとおり）

- 選考に関する規程（上記（1）イのとおり）

- 印章の管理に関する規程

- 会計処理に関する規程

- 特定費用準備資金等に関する規程（上記（3）イのとおり）

- 退職給付に関する規程（上記（3）ウのとおり）

【前年度との比較】

　上記（1）及び（3）の再掲部分については、前年度同様、規程等が整備されていないほか、定められている場合であってもそのとおりに処理されていない事例が見られる。

　会計処理に関する規程に関しても、整備されていないほか、定められている場合であっても公益法人会計基準に則っていない部分があるなど、不適切な内容を含む事例が見られる。

3　東京都公益認定等審議会からの意見（抜粋）

- 公益法人における理事及び監事の責任を、十分に認識していただく必要がある。

- 2回目の定期立入検査において、1回目の定期立入検査と同じ指摘をしている事例があり、中には初歩的な事項を再度指摘している事例も見られる。法人において指摘事項を適切に引き継ぎ、早急に改善されることを望む。

- 法人に対し、指摘事項の改善策について文書による報告を求めることは、法人における引継ぎの確保を促す上でも有効と考えられる。

- 事業内容の変更について届出を行っていなかったとの指摘が見られるが、法令の趣旨に鑑み、法人の事業内容を適正に監督していく必要がある。

- 役員の選任に関する議決に際して、一括決議などの簡易な方法で行われている事例があるが、反対する機会が確保されるようにする必要がある。

- 欠格事由に係る確認を確実に行うよう、法人に対して注意喚起する必要がある。

- 公益法人の理事が代表者となっている企業や他団体と取引を行う場合、利益相反取引となるため、取引の事前に理事会の承認が確実に行われる必要があり、そのことを法人において十

分に認識していただくことが望まれる。

- 銀行口座の残高証明書の取得漏れの指摘が見られるが、残高証明書による照合は、監事の責任において着実に行われるべきである。

4 定期立入検査結果に基づく措置等の実施状況

（1）勧告

なし

（2）報告徴収

1法人について、報告徴収を行った。

（3）その他

2法人について、東京都公益認定等審議会からの意見を踏まえ、定期立入検査における指摘事項の改善策等について報告を求めた。

第2版あとがき

1．本書の旧版の執筆は、（公財）公益法人協会の「立入検査のポイントと対策」と題して2013（平成25）年末から2014（平成26）年の秋に、筆者が講師として行ったセミナーの講義内容がベースとなっている。このセミナーでは、公益法人ならびに一般法人の理事や事務局の人たちに対し、立入検査をめぐる問題について、なるべく分かりやすいことを旨として、筆者個人の考えを述べた。

　　その後、立入検査実務の進展に伴い、何度かの改訂を行ったが、今般当協会への立入検査が2018（平成30）年4月に7年ぶりに行われたのを機に（第1回目は平成23年2月）、全面的に見直したものが本第2版である。

2．第2版の特徴は、以下の通りである。

　1）　新しい公益法人制度の法律的な構造は、初版刊行時（2014年11月）から本書刊行の間にまったく変わっておらず、「立入検査を含む行政庁の監督については、公益法人の事業の適正な運営を確保するために必要な限度において行われることになっており、あまり細々な事項についてのいわゆる検査対策は基本的には必要がない」というスタンスは従前通り堅持している。

　2）　しかしながら、行政による監督、とりわけ立入検査については、この8年弱の当局の指導とそれを受けた公益法人側の対応において、一定の考え方や実務上の扱いが慣行として定着してきていることも事実である。

163

これら慣行については、旧版では実務的にまだ熟していない事務等の存在の指摘を行ったが、それの明確化がはかられたことは喜ばしいと考える一方、行政側の対応が、新制度の基本的考え方や世間の一般的な慣行等を考慮すると、如何なものかと思われることもあるため、それらについては、ためらわず指摘を行っている。

　3）　他方、公益法人側においては、旧版でも指摘したが、①スポーツ団体等を中心とした法人運営におけるガバナンスの欠如や、②現金、現物の管理の甘さに起因する法人の財産の毀損や喪失に加え、新たに③理事長や会長といった経営者の法人私物化とそれに伴う公益性の喪失等、いわゆる不祥事が続出している。これらの事象に対しては、引き続き指摘するとともに、行政庁の監督や法人側の対応について、真面目かつ厳格な取組みが必要であることに言及している。

3．なお、本第2版は、旧版と比べて、次の点が異なる。

　1）　旧版にあった「検査項目に対するよくある質問」については、取り上げた項目が少なく、その後の進展を踏まえてそれを充実させようとすると膨大なものとなること、他方この種の質問に対するQ＆A形式の書籍＊も刊行されていることから全面的に削除した。

　　　＊巻末の本協会発行書籍案内参照

　2）　旧版で指摘した「立入検査結果の総括的な公表について」は、筆者の指摘したことによるものではもちろんないと思われるが、内閣府を含む行政庁において、積極的な公表がみられるようになっていることから、その具体的な公表文のいくつか典型的なものを選んで、末尾に付録として収録した。

　3）　「検査対策の実践的なノウハウ」については、旧版の基となった当協会主催セミナーにおいて筆者の個人的な考えを述べたものを、

片言隻句の形で記載したものであるが、現時点からみれば稚拙なものであり、恥ずかしい限りであるが、意味があるとする読者も多いことから若干充実させたうえで残した。

4. 本書の出版は、旧版同様いろいろな人の協力によって出来上がっている。以下に具体的に示して感謝を申し上げたい。もちろん本書については、各種の理由から筆者個人の見解による箇所も多々ある。他の見解について、考え方等が納得できれば訂正する用意がある。また、事実等誤りがあればすべて筆者の責任であることは言うまでもない。

(1) 2018（平成 30）年 9 月迄に立入検査を受けた公益法人約 40 法人からは、検査結果の情報提供を受けた。いずれも匿名希望のため、お名前を出すことができないが、その好意に対しては感謝の言葉もない。

(2) 内輪の話となるが、当協会の相談室のメンバー各位からは、立入検査の相談事例の提供等において多大な配慮をいただいている。また出版ならびにセミナー担当者からは、毎年のセミナーにおける教材の作成から本への転換、さらにはデータの整理等に多大な苦労をおかけした。改めて感謝申しあげたい。

本書が公益法人および一般法人の理事・監事等の役員の方々や、事務局長をはじめとする担当の方々等の実務家の参考に引続きなるとすれば、筆者の喜びこれに勝るものはありません。

平成 30 年 12 月 1 日

新公益法人制度施行 10 周年の日に

〔著者〕

鈴木 勝治 （公財）公益法人協会 副理事長

1943年千葉県生まれ。東京大学法学部卒。

三井信託銀行横浜支店長、取締役国際企画部長・同取締役検査部長、三信振興株式会社社長、東急車輌製造株式会社常勤監査役、（財）公益法人協会主任研究員、専務理事を経て現職。

（公財）さわやか福祉財団理事、（公財）国連大学協力会監事、（公財）伊藤忠記念財団評議員、（公財）日本労働文化財団評議員、（公財）東京都歴史文化財団評議員、（一財）広島県環境保健協会評議員、（認定特活）日本NPOセンター評議員等を兼務。

KOHOKYO Library ③

公益法人・一般法人の立入検査について【第2版】
―そのポイントと対策―

2014 年 11 月 25 日　初　版第 1 刷発行
2015 年 9 月 11 日　補訂版第 1 刷発行
2019 年 2 月 25 日　第 2 版第 1 刷発行
2021 年 5 月 25 日　第 2 版第 2 刷発行

発　行　公益財団法人　**公益法人協会**
〒113-0021　東京都文京区本駒込2丁目27番15号
TEL　03-3945-1017（代表）
03-6824-9875（出版）

©2019
Printed in Japan

FAX　03-3945-1267
URL　http://www.kohokyo.or.jp

印刷・製本　三美印刷株式会社

本書を無断複写（コピー）は、著作権法上の例外を除き、禁じられています。
営利目的で使用される場合は、当協会へご連絡ください。

ISBN978-4-906173-89-1

適切なガバナンスと自律的な法人運営のために

〈日々の適正な業務に〉

Q&A 公益法人・一般法人の
運営・会計
実務カレンダー

年間スケジュールにあわせて月毎に法人が適切に行うべき運営や会計の実務を、Q&A形式で平易に説明。事業計画と予算の策定にはじまり、決算から理事会等にかかる各種事務処理手続まで、網羅的に解説。また、役員の役割と責任、合併や事業譲渡、電磁的方法による各種手続などについても言及。

（公財）公益法人協会相談室〔編著〕2018.1 発行　▶A5判／定価〔2,500円+税〕

公益法人・一般法人に
よくある質問【機関運営編】

"法人自治"に基づく機関運営についての質疑応答全340問！　協会相談室に寄せられた質疑等を厳選し、簡潔な回答に丁寧な解説。ニーズの高い「利益相反・損害賠償・責任限定契約」を新設し構成を改変。「知りたい」「分かりたい」「解決したい」にすべて応える。

（公財）公益法人協会〔編著〕2017.3 発行　▶A5判／定価〔3,200円+税〕

〈法律に則った適切な運営〉

公益法人・一般法人
関係法令集【第2版】

法人の日々の業務において参照できるものとして、必要不可欠な法令・資料をまとめた1冊。公益法人制度関係法令から、公益認定等ガイドライン、FAQ、登記の関係法令、さらに関係する税務法令もあわせて収録。コンプライアンスに基づいた法人運営のために必携の書。

（公財）公益法人協会〔編集〕2018.1 発行　▶A5判／定価〔4,900円+税〕

民間公益活動推進センター

公益財団法人　公益法人協会

〒113-0021
東京都文京区本駒込2丁目27番15号
出版 TEL(03)6824-9875
FAX(03)3945-1267
http://www.kohokyo.or.jp

知りたい・学びたい。目的に対応した入門書・実用書

KOHOKYO Library

これだけは知りたい！
一般社団・財団法人の
設立について
【第2版補訂版】

(公財) 公益法人協会〔編著〕2018.6 発行

高まる一般法人の設立ニーズに応える1冊。法人選択のねらいにあわせ、設立プランニング例を示し、やさしく解説。公益法人協会相談室の専門委員が、相談事例などを基に詳述。

▶ A5判／定価〔1,200円＋税〕

これだけは知りたい！
公益認定申請はやわかり

(公財) 公益法人協会〔編著〕2016.3 発行

社会からの信頼、幅広い支援、また税制優遇を受けるために。公益認定の取得をめざして、基礎知識から公益性の明確化、財務3基準、そして申請書類作成のポイントまで、知っておくべき事柄をていねいに解説。

▶ A5判／定価〔1,500円＋税〕

実務からみた公益法人・一般法人の
理事の役割と責任
【第2版】

濵口博史（弁護士）〔監修〕、鈴木勝治〔著〕
2015.4 発行

法人の業務執行や法人運営の主体である理事の役割と責任を、実務の面から解説。法改正にあわせて改訂し、改正一般法人法・同法施行規則に対応。「非業務執行理事等」「責任限定契約」「内部管理体制の充実」についても言及。

▶ A5判／定価〔1,500円＋税〕

〈法人の資産運用〉

新しい　公益法人・一般法人の
資産運用

太田達男〔序〕、梅本洋一〔著〕2017.12 発行

法人の資産運用業務は意思決定の連続で、その質が問われます！　非営利法人に対する資産運用等のエキスパートである著者が、公益法人の資産運用の現状を踏まえた「新しい資産運用モデル」を提示。巻末付録として、運用管理規程・投資方針書例を収録。時代を超えて役に立つ1冊。

▶ A5判／定価〔3,000円＋税〕

これらの書籍は、当協会より直接購入もいただけます。また、Amazon などオンライン書店、全国の政府刊行物センターや主要大型書店からもお求めいただけます。

公益財団法人 公益法人協会 相談室のご案内

「本書で概ね理解できたが、もう少し詳しく話を聞きたい！」
「最近の傾向をふまえて、留意点があれば教えて欲しい！」
　　　　　　　　　　　　　　　　　　　　　・・・etc

相談室では、法人の実情をおうかがいしながら丁寧にアドバイスさせていただきます。

さらに、立入検査における行政庁の質問事項や指摘にどう対応するか？
たとえば、公益目的事業の追加・変更や、財務・会計、理事会・社員総会／評議員会の運営等についても、ご相談ください。

もちろん、毎回の立入検査対策にとどまらず、より自主・自律的な法人運営のために、ぜひ相談室をご活用ください！
運営、会計・税務、資産運用等、幅広くご相談をお受けしております。

ピンポイントなご照会には・・・
■電話相談（無料）
（東京）03-6824-9871
受付時間　平日　午前10時～11時30分・午後1時～3時30分

じっくり相談したい時は・・・
■面接相談（事前予約制）
（東京・大阪・札幌 予約専用）03-6824-9872
受付時間　平日　午前10時～午後5時
　※ 大阪相談室（毎月第2・第4金曜日開催）・札幌相談室（毎月第2金曜日開催）は会計・税務相談のみ
　※ 会員は無料、非会員は初回のみ無料

民間公益活動推進センター
JACO 公益財団法人 公益法人協会
〒113-0021　東京都文京区本駒込2丁目27番15号
代表 TEL(03)3945-1017 FAX(03)3945-1267 http://www.kohokyo.or.jp